義大利：
羅馬 佛羅倫斯
威尼斯 米蘭

30

◎ City Target

MOOK

義大利：
羅馬 佛羅倫斯
威尼斯 米蘭

30

City Target

CONTENTS

本書所提供的各項可能變動性資訊，如交通、時間、價格（含票價）、地址、電話、網址，係以2023年7月前所收集的為準；特別提醒的是，COVID-19疫情期間這類資訊的變動幅度較大，正確內容請以當地即時標示的資訊為主。

如果你在旅行中發現資訊已更動，或是有任何內文或地圖需要修正的地方，歡迎隨時指正和批評。你可以透過下列方式告訴我們：

寫信：台北市104中山區民生東路二段141號9樓
MOOK編輯部收
傳真：02-25007796
FB粉絲團：「MOOK墨刻出版」www.facebook.com/travelmook
E-mail：mook_service@hmg.com.tw

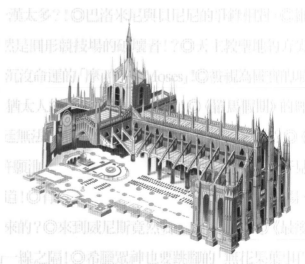

航向義大利的偉大航道

護照辦理

什麼狀況下需要辦？

◎未持有護照。

◎護照效期不足6個月時。

哪裡辦？

　　首次申請普通護照者，需本人親自至領事事務局或外交部中、雲嘉南、南、東辦事處辦理。若實在無法親辦，也必須先親自到戶籍所在地之戶政事務所辦理「人別確認」，再備齊相關文件，委託交通部觀光局核准之綜合或甲種旅行社代辦（一般加收約300元）。換發護照者不在此限。若想縮短在辦事處等待的時間，建議可先上網於「個人申辦護照 網路填表及預約系統」填寫簡式護照資料表及上傳數位照片。

外交部領事事務局

⚲台北市濟南路一段2-2號（中央聯合辦公大樓）3～5樓 ☏(02) 2343-2888(總機)、(02) 2343-2807～8(護照查詢專線) ◷週一至週五08:30～17:00，週三延長至20:00(以下各區辦事處皆同) 🌐www.boca.gov.tw

外交部中部辦事處

⚲台中市黎明路二段503號1樓（行政院中部聯合服務中心廉明樓）☏(04) 2251-0799

外交部雲嘉南辦事處

⚲嘉義市東區吳鳳北路184號2樓之1 ☏(05) 225-1567

外交部南部辦事處

⚲高雄市苓雅區政南街6號（行政院南部聯合服務中心）3～4樓 ☏(07) 715-6600

外交部東部辦事處

⚲花蓮市中山路371號6樓 ☏(03) 833-1041

如何辦？

　　相關規定在外交部領事事務局網站有詳盡說明，以下僅作簡要介紹。

準備：

◎新式國民身分證正本(14歲以下需準備戶口名簿或3個月內戶籍謄本)。

◎護照專用白底彩色照片2張(6個月內近照)

◎簡式護照資料表

◎法定代理人新式國民身分證正本及監護權證明文件(未滿18歲需要)

◎陪同者新式國民身分證正本與法定代理人的委任陪同書(未滿14歲需要，若陪同者非法定代理人，可委任三親等內親屬陪同)

◎外文姓名拼音(可參考外交部領事事務局網站。換發新護照者，需沿用舊護照拼音)。

◎36歲以下役齡男性，須另外準備退伍令正本或免役令正本。

◎換發護照者，需準備舊護照。

要多久？

　　一般為10個工作天，遺失護照則須11個工作天。如果是急件，可以加價提前辦理，最快為隔天取件。

多少錢？

　　護照規費為1300元(未滿14歲者，規費為900元)。辦理急件，提前9個工作天領取，加收900元。

效期

　　年滿14歲，10年；未滿14歲，5年。

簽證辦理

短期觀光免簽證

　　從2011年1月11日起，台灣遊客前往義大利觀光，無需辦理申根簽證，只要持有效護照即可出入申根公約國，6個月內最多可停留90天。有效護照的定義為，預計離開申根區時最少還有3個月的效期。

可能被查驗文件

　　但要注意的是，儘管開放免簽證待遇，卻不代表遊客可無條件入境，入境申根國家可能會被海關要求查驗相關文件，雖然在一般情形下這些文件不一定會用得上，但還是儘量齊備，以備海關人員心血來潮，要求查驗。這些文件包括：
◎來回航班訂位紀錄或機票
◎英文行程表
◎當地旅館訂房紀錄或當地親友邀請函
◎英文存款證明或其他足以證明自己能在當地維生的證明
◎公司名片或英文在職證明等等

　　另外，原本辦理申根簽證所需的旅遊醫療保險，雖同樣非入境時的必備證明，但最好同樣投保，多一重保障。

旅遊諮詢與實用網站

義大利經濟貿易文化推廣辦事處
⊙台北市基隆路一段333號18樓1809室國貿大樓
☏(02)2345-0320
◉簽證組(預約制)：週二和週四9:50~12:50；領事組(預約制)：週一、週三和週五9:50~12:50
🌐taipei.esteri.it

駐義大利台北代表處
⊙Viale Liegi 17, Roma ☏(06)98262800
義大利國家旅遊局
🌐www.italia.it
義大利國家鐵路
🌐www.trenitalia.com
綜合交通資訊規劃
🌐www.rome2rio.com

飛航資訊

　　義大利是台灣熱門的旅遊目的地，多家航空公司提供飛往羅馬、米蘭、佛羅倫斯以及威尼斯等城市的班機，只有中華航空直飛羅馬以外，其他航空公司都必須轉機，中華航空直飛羅馬的班機飛航時間約14個小時。

　　亞洲航空公司通常提供該國首都轉機一次的羅馬或米蘭班機，如果想飛往佛羅倫斯或威尼斯等地，就必須搭乘歐籍航空公司航班，通常得經過兩次轉機才可抵達。

　　唯因COVID-19疫情影響，航空公司班次和班表變動幅度較大，相關資訊請洽航空公司或上網查詢。

Skyscanner
🌐www.skyscanner.com.tw

台灣飛義大利主要航空公司

航空公司	目的地	訂位電話	網址
中華航空	羅馬	412-9000 (手機撥號02-412-9000)	www.china-airlines.com
國泰航空	羅馬、米蘭	(02)7752-4883	www.cathaypacific.com
新加坡航空	羅馬、米蘭	(02)7750-7708	www.singaporeair.com
泰國航空	羅馬、米蘭	(02)2515-1888	www.thaiairways.com
馬來西亞航空	羅馬	(02)7743-7461	www.malaysiaairlines.com
大韓航空	羅馬、米蘭	(02)2518-2200	www.koreanair.com
英國航空	羅馬、米蘭、威尼斯	(02)8793-3300	www.britishairways.com
德國漢莎航空	羅馬、米蘭、佛羅倫斯、威尼斯	(02)2325-8861	www.lufthansa.com
瑞士航空	羅馬、米蘭、佛羅倫斯、威尼斯	(02) 2507-8133	www.swiss.com
荷蘭航空	羅馬、米蘭、佛羅倫斯、威尼斯	(02)7752-7424	www.klm.com.tw
法國航空	羅馬、米蘭、佛羅倫斯、威尼斯	(02)7752-7422	wwws.airfrance.com.tw
阿聯酋航空	羅馬、米蘭、威尼斯	(02)7745-0420	www.emirates.com
長榮航空	羅馬、米蘭、佛羅倫斯、威尼斯	(02)2501-1999	www.evaair.com

義大利行前教育懶人包

基本資訊

義大利

正式國名：義大利共和國Repubblica Italiana(Italian Republic)

地理位置：義大利是由阿爾卑斯山脈向地中海延伸的靴型半島，北與法國、瑞士、奧地利、斯洛維尼亞等國接壤，東、西、南面分別被亞得里亞海、愛奧尼亞海、地中海、第勒尼安海、利古里亞海環繞。本土之外，周邊還包括西西里島、薩丁尼亞島等70多座島嶼

面積：301,230平方公里

人口：58,853,482人

首都：羅馬(Roma)

宗教：95%羅馬天主教

語言：義大利語，但每個地方都有一點差異的方言。除了南義和西西里島的小鄉鎮以外，大多可使用英語溝通。

梵諦岡

正式國名：教廷The Holy See

地理位置：全境被羅馬市區包圍

面積：0.44平方公里，為全世界面積最小的國家

人口：825人

首都：梵諦岡城(Vaticano)

宗教：羅馬天主教

語言：義大利語，拉丁語(羅馬教廷)

旅遊資訊

時差

冬季比台灣慢7小時，夏季實施夏令日光節約時間(3月最後一個週日起，10月最後一個週日止)比台灣慢6小時。

最佳旅行時刻

北部地區

義大利北部指的是阿爾卑斯山脈以南，艾米利亞－羅馬納區南側的亞平寧山脈以北，包含米蘭所在的倫巴底(Lombardia)、威尼斯所在的維內多(Veneto)、利古里亞區(Liguria)等。

這個地區受到海洋的影響較小，冬季氣候嚴寒多雨，12~2月間常有降雪，一月份波河平原平均氣溫約零度，高山上更可能到達-20°；夏季則十分炎熱，濕度也相當高。而利古里亞區的沿海有亞平寧山脈阻擋大陸冷空氣，又有海洋調節氣溫，所以氣候相當宜人。

中部地區

義大利中部多平原和起伏丘陵；整體來說，氣候較溫和，夏季乾燥少雨，7~8月有時會出現難耐高溫，9月開始涼爽最適合旅遊，雨季大約從10月開始，冬季轉為濕冷。一天中日夜溫差大，春秋兩季前往，建議隨身攜帶薄外套。

南部地區

豔陽、白沙、藍天碧海和險峻崖岸是義大利南部最吸引人的景象，這個區域從拿波里所在的坎帕尼亞(Campania)開始，到鞋尖和鞋跟位置的普利亞(Puglia)、巴西利卡塔(Basilicata)和卡拉布

里亞(Calabria)，本島以外則有西西里島(Sicilia)和薩丁尼亞島(Sardina)。

這裏呈現標準的地中海型氣候，乾燥而炎熱，降雨少而旱季長，防曬用品是必須；冬季氣候溫和，也不像其他區域潮濕多雨，是歐洲人的避冬首選。外島的降雨量又比本島更低，年平均雨量在500mm以下。

貨幣及匯率

歐元為唯一的法定貨幣，1歐元約等於台幣34.1元(2023年4月)。

電壓

義大利的電壓為220伏特，電器插頭為2根圓頭，插座有個圓型凹孔。

打電話

從台灣撥打義大利：002 + 39 + 區域號碼(去掉0)+ 電話號碼

從義大利撥打台灣：00 + 886 + 區域號碼(去掉0)+ 電話號碼

從義大利撥打台灣手機：00 + 886 + 手機號碼去掉第一個0

緊急連絡電話

警察局：113

駐義大利台北代表處

地址：Viale Liegi 17, Roma

電話：(06)98262800

急難救助電話

駐義大利代表處：366-806-6434(僅受理緊急救難事件)

外交部海外急難救助免付費電話：00-800-0885-0885

網路

住宿的飯店民宿，不管哪種等級，大多提供免費無線網路，許多餐廳和咖啡館也開始提供這項服務。至於公共區域的免費網路沒有台灣普及，一般而言北部大城市較多無線網路熱點，例如米蘭市區到處都有免費網路點。火車站、景點和博物館雖然提供免費網路，但常常需要有一組義大利的手機號碼來接收註冊的簡訊密碼。

若常有使用網路的需求，可考慮在國內先購買依天數計費的網路漫遊分享器，或是於當地購買電信業者推出的手機預付卡(Prepaid)方案，可比較義大利最大的電信公司Telecom Italia以及TIM Welcome Internet的資費方案，好處是可以得到一組電話號碼用來註冊各地免費使用的無線網路。

郵政

許多人到國外旅遊喜歡寄明信片給自己或親朋好友，義大利的郵政系統比較多元，除了國營郵局(Le Poste)以外，還有Friendpost和Globe Postal Service(GPS)兩種私營郵政系統。

國營郵局的郵票(Francobolli)有印Italia字樣，可以投入一般隨處可見的紅色郵筒，寄回台灣的話記得投入右邊投遞口，郵票可在郵局或Tabacchi香菸攤購買。GPS和Friendpost都有專屬郵筒，大多設在熱門觀光區的紀念品商店外，好處是郵票上有Bar Code，可追蹤信件的下落，缺點是郵筒較少，若帶著郵票前往下個城市，不見得找得到專屬郵筒。若在紀念品店或Tabacchi買郵票，記得看清楚是屬於哪個郵政系統。

小費

於餐廳消費，服務費已包含在費用內，若對於服務非常滿意，可加10%作為小費。但對於高級飯店協助提行李或客房服務的人員，習慣上會給予2歐元小費。

飲水

一般而言，飯店和餐廳內水龍頭的水皆可生飲，許多城市路邊都有大大小小的噴泉，若沒有特別標註，都是可直接飲用的水。某些石灰岩層區域，水中礦物質含量較高，例如：普利亞省、西西里島等，水的味道較為特別，若平常腸胃較敏感的人，建議還是另外購買飲用水。此外，若在餐廳用餐，要求Tap Water是免費的。

廁所

義大利街上的公廁很少且幾乎都要收費，價格依城市而有不同，約在€0.5~€1不等，所以如果已付了門票費用進入景點或博物館，記得使用完廁所再離開。如果臨時想上廁所，不妨前往咖啡館，只要站著喝杯1歐元的義式咖啡(Expresso)，還可以免費使用洗手間，是一舉兩得的辦法。不過要注意是站在吧台喝咖啡，在義大利不管是用餐或喝咖啡，坐著都比站著貴，還會另外收座位費。

營業時間

商店

大部份商店營業時間為週一到週六9:30~12:30，然後經過約2~3小時的午休，於15:30~19:30間繼續營業，通常商店週日和假日並不營業，部分商店週六只營業至中午，或是周一只在下午營業。不過像羅馬、米蘭、佛羅倫斯和威尼斯這些旅遊熱門城市，越來越多商店整天營業，有時連週日和假日也不例外。至於購物中心和超市則是整天營業不休息，大約是10:00~21:00左右。

餐廳

大部份餐廳都有分中餐和晚餐時段，中餐約為12:30~14:30，晚餐約為19:30~23:00。咖啡館則為全天候7:30~20:00。

治安

近年來受經濟不景氣影響及非法移民與難民增加，犯罪案件有上升趨勢，尤其在觀光客多的大城市，用巧妙手法偷竊的情況一直存在，前往義大利旅行時務必注意自身及財物安全，不要讓

行李離開自己的視線，此外，若遇上有人自稱警察要臨檢你的護照或金錢，最好要求要在警察局內進行，因為很多人會假扮假警察騙取財物。

購物退稅

只要不是歐盟國家的人民，在攜帶免稅品離境時，都可以享有退稅優惠。凡在有「Tax Free」標誌的地方購物(也可詢問店家)，且同家商店消費金額滿155歐元以上，便可請商家開立退稅單據，退稅手續須在3個月內到海關辦妥手續。

義大利的營業稅(IVA)約為22%，退稅後扣除手續費約可拿回12%。購物時記得要向售貨員索取退稅單，這張單子應由售貨員幫你填寫，拿到單子一定要再次檢查退稅單上的資訊(姓名、護照號碼、國籍、信用卡號)是否正確。

到達機場要先辦理登機並拿到登機證，交給海關查驗蓋章時需準備1.登機證2.退稅單3.收據4.購買的商品(沒有使用的痕跡)。

行李託運退稅：機場Check in時先告訴航空公司托運行李要退稅(Tax Refund)，櫃檯會將登機證給你並先貼上行李條，將行李拉到海關退稅處蓋章，此時海關可能會抽查購買的商品，之後再將行李拖回航空公司櫃台送上輸送帶。

行李手提退稅：機場Check in拿到登機證後，直接至海關退稅處蓋章。可選擇在入關前或入關後辦理。

海關在退稅單上蓋印後，即可在機場或邊境的退稅處領取稅款，Planet、Globle Bule和Tax Refund這三家公司在羅馬和米蘭機場都設有專屬服務櫃檯，可選擇領取現金或退回至信用卡，選擇現金退稅每筆收取約3歐元手續費。需特別注意的是，排隊退稅的人非常多，盡量提早到機場，事先使用線上Check in也可以加快速度。

國定假日

日期	節慶
1月1日	元旦Capodanno
1月6日	主顯節Epifania
3月底、4月初	復活節Pasqua、Pasquetta
4月25日	解放日Anniversario della Liberazione d'Lialia
5月1日	國際勞動節Festa del Lavoro
6月2日	國慶日Festa della Repubblica
8月15日	聖母升天節Ferragosto
11月1日	萬聖節Tutti Santi
12月8日	聖母無原罪日Immacolata Concecione
12月25日	聖誕節Natale
12月26日	節禮日/聖史蒂芬日Santo Stefano

常見單字對照表

中文	義大利文	中文	義大利文
星期一	Lunedi	今天	Oggi
星期二	Martedi	明天	Domani
星期三	Mercoledi	昨天	Ieri
星期四	Giovedi	東	Oriente
星期五	Venerdi	南	Sud
星期六	Sabato	西	Western
星期天	Domenica	北	Nord
廁所	Toilette / Bagno	男	Uomo
列車	Treno	女	Donna
火車站	Stazione	票價	Tariffa
車站月台	Binario	售票處	Biglietteria
教堂	Chiesa	郵票	Francobolli
廣場	Piazza	你好/再見	Ciao
公園	Giardino/Parco	對不起	Mi Scusi
巴士	Autobus/Pullman	謝謝	Grazie

玩義大利吃什麼？

世界上可以與中國餐館在數量與歡迎度上並駕齊驅的只有義大利餐館，義大利披薩、義大利麵簡直就是全球共通語言，義大利是「飲食文化」的強勢主流，因為背後有豐富的食材與文化支撐這個令人垂涎的美食帝國。

現今我們稱之為義大利的國家，其實統一不到兩個世紀，長久以來由數十個不同國家組成，各自形成獨特的文化，也因為這種歷史背景，義大利各地料理枝繁葉茂地發展出自己的風味，光是義大利麵的種類即高達200餘種、乳酪有500種；葡萄酒更有高達1000多種。

咖啡Café

義大利平均每人一年約喝600杯咖啡，對他們而言，喝咖啡不一定要走進某家家咖啡館坐下來品嚐，一杯一歐元的濃縮滋味，就和台灣人喝手搖茶飲一樣，是不可缺少的生活要素。

在咖啡館點Café指的就是濃縮咖啡Espresso，大概只有觀光客才會點美式咖啡吧！以濃縮咖啡為基底，加上牛奶和奶泡的變化，又發展出加入打發綿密奶泡的Cappuccino、加入少量牛奶的Macchiato、以及大量牛奶的Latté等。

站著比較省錢！

在義大利，站在吧台喝咖啡都比坐下來便宜，方法是先到收銀台點餐結帳，再拿著收據到餐點櫃檯領咖啡。若是要內用，直接找張桌子坐下來，就會有服務人員來點餐。此外大部分的冰淇淋店和小部分的小吃店也是這樣。

披薩Pizza

拿波里是披薩的發源地，一開始只是城市中下階層的路邊小吃，使用秤重的方式購買，直到20世紀才廣為流傳。最正統的披薩只有兩種口味，使用大蒜、奧勒岡和蕃茄紅醬的Marinara，以及使用綠色蘿勒、白色Mozzarella起司和蕃茄紅醬，有義大利國旗顏色的Margherita。現在比較多的披薩作法是羅馬式的，餅皮外薄內厚，口味相當多元化。披薩屋(Pizzeria)的披薩較正統講究，多半使用石窯或磚窯燒烤，熟食店也販售多種口味的方型披薩，雖然是快速省錢的好選擇，味道上就差了一大截。

義大利麵Pasta

Pasta泛指用小麥加水攪和後揉搓製成的食物，製作成不同形狀後，各自又有不同名稱。高品質的義大利麵規定要以稍硬的杜蘭小麥製成，不得添加任何防腐劑及人工色素，形狀琳琅滿目，多達200多種，甚至可以出專書討論。

義大利麵又分成新鮮(Pasta fresca)與乾燥(Pasta Secca)兩種，一般而言，北義喜歡在麵粉中加入雞蛋製麵，艾米利亞－羅馬納又以手工義大利麵聞名，三大特產是雞蛋麵、餃形通心麵與千層麵，南義則偏好乾燥麵條。

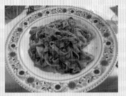

義大利冰淇淋 Gelato

義大利冰淇淋稱為Gelato，在陽光燦爛的地中海區，Gelato真是有讓人一吃就上癮的神奇魔力。

相較於其他冰淇淋，Gelato是種健康而無負擔的甜品。天然無多餘添加物，使用牛奶混合少量奶油，所以脂肪含量較少，而降低脂肪就不會影響味蕾的敏銳度，所以味道也較鮮明，此外，打發速度較慢，空氣含量只有25~30%(冰淇淋含量為50%)，且溫度比一般冰淇淋高，口感上較綿密軟滑。

提拉米蘇 Tiramisu

提拉米蘇是台灣知名度最高的義大利甜點，威尼斯所在的維內托大區就是提拉米蘇的發源地，以特製的海綿蛋糕或是手指餅乾吸入濃縮咖啡和甜甜的櫻桃酒，搭配和生蛋黃打勻的馬斯卡彭起司，上面再灑上帶著苦味的可可粉，這種苦甜交雜的味道，據說會讓人想起戀愛的滋味。

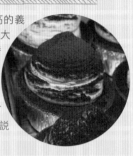

燉飯Risotto

在義大利，麵跟米飯是同等重要的日常食糧，也都是前菜的主要菜色。義大利產米地區以北部的波河河谷為主，因此北方發展出悠長精緻的米食文化。道地的義大利燉飯製作方式是將生米和配料炒香，再不停加入高湯用小火將米煮到8分熟，因此吃到米心微硬是很正常的。台灣的燉飯為了迎合亞洲人吃熟飯的習慣都會將米煮到軟爛，所以在義大利點燉飯要做好吃到半生米的心理準備喔！

帕馬火腿
Prosciutto di Parma

艾米利亞-羅馬納省是義大利的農業重鎮，著名的帕馬火腿(Prosciutto di Parma)是這個省的特產。帕馬火腿的製作過程嚴謹，只使用純天然的海鹽來醃漬，因此得到歐盟的原產地認證商標。以後看到歐盟認證的帕馬火腿就放心吃下去吧。除了直接在餐廳享用，也可以在市場或食材店購買。

卡諾里捲Cannoli

南義最經典的甜食是原意為「小管子」的卡諾里捲。將加了可可粉、糖、白酒醋與鹽的麵餅捲在中空竹管後下鍋油炸，再填入以綿羊奶乳清作成的Ricotta起司餡，最後搭配糖漬水果妝點。卡諾里捲的滋味，連電影《教父》中的黑手黨老大都為之傾倒。

橄欖油
Olio d'oliva

來義大利品嚐美食絕不可或缺的便是橄欖油。今天在托斯卡尼地區，以路卡(Lucca)與奇檬地(Chianti)所產者較為著名。前者比較油，後者就比較香醇、並且清淡精緻。橄欖樹必須種植於海拔300公尺的貧瘠石灰岩地，而且能受到陽光的充分照射。樹齡在十年以上的，才會結果。通常成熟的小黑橄欖，含油量也只有百分之22而已。

檸檬酒
Limoncello

南義風光明媚的蘇連多半島盛產檸檬，這種不使用農藥，任其自然生長的碩大檸檬稱為Sfusato Amalfitano，香氣濃郁而酸度適中，這裏釀製的檸檬酒是義大利最受歡迎的甜酒之一，酒精濃度約為26~34%，除了當作餐後甜酒，也常用來製作冰沙或調酒。

葡萄酒Wine

義大利是世界上第二大的葡萄酒生產國，最著名的產地是托斯卡尼大區，其中奇檬地紅酒曾經獲得世界葡萄酒的首獎，現在在技術更新之下，優秀的品牌越來越多，包括Brunello di Montalcino、Vino Nobile di Montepulciano等，不過觀光客根本不需要了解品牌和產地，在任何一家餐廳裡，點一壺自釀酒house wine都是珍品。

玩義大利買什麼？

在義大利購物，是旅行中最大的樂趣之一，從必「敗」的時尚精品、皮件家飾，到五花八門的食材、農特產品、名酒，再到具各地特色的工藝品，都讓人無法拒絕它的誘惑。

名牌精品

義大利是時尚精品大國，Gucci、Prada、BVLGARI、Fendi、Versace、Dolce & Gabbana、Salvatore Ferragamo、Giorgio Armani、VALENTINO等都是義大利起家的高貴精品。不論走在大城或小鎮，都必定看得到精品名牌街，其中又以羅馬、佛羅倫斯、威尼斯、米蘭這四大城最為經典。羅馬的精品街集中在西班牙廣場附近，威尼斯則在聖馬可廣場周邊，佛羅倫斯都集中於聖母百花大教堂和共和廣場周邊的徒步區，米蘭的頂級名牌則位於拿破崙大道(Via Monte Napoleone)和史皮卡街(Via della Spiga)之間的區域。

皮革

義大利的皮件世界馳名，皮質好且手工藝精湛，其中又以佛羅倫斯最為出色。不論是林立的商店、新市場廠廊，還是聖羅倫佐教堂旁的市集，各式各樣不同價位的皮件可選擇。

帕馬森乾酪

艾米利亞-羅馬納省產的「帕馬森乾酪」(Parmigiano-Reggiano)每個重達38公斤，是受到原產地保護、有身份認證的DOP產品，從生產原料到製作方式都有規定，熟成期更長達18個月以上，又被稱為「起士之王」。具有風味濃郁、容易消化吸收且低膽固醇的特色。

義大利麵與食材、調味料

義大利大大小小的超市和市集都是料理博物館，光是麵條就有40~50種形狀，螺旋狀的、餃子狀、細長條、四角形、貝殼狀……讓你嘆為觀止，特別推薦口感彈牙的手工麵條。此外，各式各樣的醬料、乾燥香料、調味品等也令人眼花撩亂。

巴薩米可醋

葡萄釀製的巴薩米可醋(Balsamico)又有「黑金」的稱號，自古就是獻給皇帝的頂級貢品，年份越久，越能達到酸甜間的微妙平衡，味道也更香濃，當然也越稀有珍貴。通過DOP原產地名稱保護與認證，產自摩德納(Modena)的巴薩米可醋，最受美食家愛戴。

乾燥菌菇

牛肝菌(Funghi porcini)是托斯卡尼極為珍貴的食材，不管搭配義大利麵或燉煮肉類料理，都能品嚐到它不被其他調味料掩蓋的獨特野地香味，市場可以買到乾燥處理過的菌菇。

葡萄酒

在葡萄酒的世界中，義大利葡萄酒與法國擁有同等地位，葡萄園幾乎遍佈整個國家。其中奇揚地(Chianti)所產的葡萄，因為氣候及日夜溫差的改變，具有新鮮又特殊的果香。西西里島埃特納火山周圍，因火山土和高海拔造就口感豐富而均衡的紅白酒，而獲得「地中海的勃艮第」之稱。

威尼斯面具和玻璃

在威尼斯大街小巷，到處都看到到嘉年華所使用的面具，手工或大量製造價差很大，華麗繽紛的面具也可以當作房間裝飾。此外，穆拉諾島(Murano)產的玻璃製品也是威尼斯特產之一，送禮或自用皆宜。

西西里木偶與皮諾丘

懸絲傀儡木偶劇(Opra di Pupi)是19世紀西西里島上最受歡迎的娛樂，雖然這種表演方式已式微，以西西里傳統人物為造型的木偶卻成了特色紀念品。而義大利更有名的木偶，是說謊鼻子會變長的皮諾丘，幾乎每個城市都有皮諾丘商品。

航向羅馬的偉大航道

如何前往

飛機

羅馬有兩座國際機場，Fiumicino機場(代號FCO)為義大利的航空樞紐，又稱為李奧納多‧達文西國際機場(Leonardo da Vinci)，位於市中心西方約26公里的海岸邊，一般國際航班均降落此機場，與市區的往來交通便利。從台灣出發前往約需14小時，僅中華航空提供直航班機。

另一座則為較小的錢皮諾機場(Aeroporto di Roma-Ciampino)，又稱Giovanni Battista Pastine，機場代號CIA)，位於市中心西南方20公里處，多半為歐洲航線廉價航空起落點。

◎李奧納多‧達文西機場

Aeroporto di Roma-Fiumicino

🌐www.adr.it/fiumicino

◎錢皮諾機場

Aeroporto di Roma-Ciampino

🌐www.adr.it/ciampino

火車

從義大利各地或是歐洲內陸前往羅馬的火車一般都停靠特米尼火車站(Stazione Termini)，由此無論轉乘地鐵A、B線或市區巴士均相當方便。另外某些連接義大利南北部的城際火車會停靠台伯提納火車站(Tiburtina)，此火車站可就近銜接B線地鐵。詳細時刻表及票價可上網或至火車站查詢，購票可至火車站櫃台或先於台灣向飛達旅遊購買。

義大利國鐵 🌐www.trenitalia.com
歐洲國鐵 🌐www.raileurope.com
飛達旅遊 🌐www.gobytrain.com.tw ☎(02) 8161-3456 LINE 線上客服：@gobytrain

巴士

搭乘巴士前往羅馬根據出發地不同而有多處停靠點，國外長途巴士最主要的停靠站位於台伯提納火車站前廣場，其他還有Ponte Mammolo、Lepanto、EUR Fermi、Anagnina等，大都位於地鐵站旁。

從機場進入市區

火車

Fiumicino機場前往市中心最方便的方式是搭乘火車，它和特米尼火車站之間有直達的李奧納多快車(Leonardo Express)，每15至30分鐘一班，需時30分鐘，乘客可以在特米尼火車站轉搭地鐵A或B線、巴士和計程車前往其他目的地。

此外，機場的火車站還有通往羅馬東北市郊的台伯提納火車站，FR1線沿途停靠Ponte Galera、Muratella、Magliana、Trastevere、歐斯提恩塞(Ostiense)等火車站，其中台伯提納及歐斯提恩塞火車站皆與羅馬地鐵B線相連。FR1線平日每15分鐘一班次，週末30分鐘，至台伯提納車站需時45分鐘。

車票可在車站內的售票機或售票窗口購得。如果使用義大利國鐵通行證，記得在第一次登上火

車前，開啟Rail Planner應用程式生效火車通行證，而且僅限頭等票種。

李奧納多快車Leonardo Express

◆從機場發車：6:08~23:23，從特米尼火車站發車：5:20~22:35 ⑤€14 ⊕www.trenitalia.com

機場巴士

Cotral Bus

行駛於Fiumicino國際機場和台伯提納火車站(Tiburtina)之間的公眾巴士，中間會停靠特米尼火車站，車程約45分鐘，火車不行駛的時間可多利用。此外，也有前往地鐵A線Cornelia站、地鐵B線Eur Magliana站及歐斯提恩塞火車站的巴士路線。於第1航廈出境大廳外搭車，可上車購票或於機場售票口、書報攤及Tabacchi購買。

◆00:45(僅週日行駛)、01:45、02:45、03:45、04:45、05:45 ⑤到特米尼火車站單程€5，上車購票€7 ⊕www.cotralspa.it

Terravision Bus

提供往返Fiumicino鎮、Fiumicino機場以及特米尼火車站之間的機場巴士，約15~40分鐘一班次，車程約55分鐘，於入境大廳外3號巴士月台搭車。若從特米尼火車站出發，則在Via Giolitti, 32搭車。

◆機場發車：8:30~00:30，火車站發車：4:30~19:50
⑤網路購票單程€6，來回€11 ⊕www.terravision.eu

SIT Bus

從Fiumicino機場至特米尼火車站，中停梵蒂岡的Piazza Cavour廣場。約每30~60分鐘一班次，可於車上或官網購票。

◆Fiumicino機場發車：8:30~21:55，火車站發車4:45~20:00
⑤單程€7，來回€13 ⊕www.sitbusshuttle.com

Airport Shuttle

可指定直達下榻飯店的機場巴士，兩人€44，每加一位乘客加€6，最多8人，須於網站先預約時間。

☎4201-3469
⊕www.airportshuttle.it

Rome Airport Bus(Schiaffini)

提供往返Fiumicino機場與特米尼火車站以及往返Ciampino機場至特米尼火車站的路線。在Fiumicino機場第三航廈入境大廳與Ciampino機場入境大廳內設有服務櫃檯。

◆Fiumicino機場出發€5.9，Ciampino機場出發€6.9
⊕romeairportbus.it

計程車

從機場搭乘計程車前往市區大約30~40分鐘的時間，正規計程車為白色，車頂有TAXI標示，從Fiumicino機場前往市中心歐斯提恩塞 (Ostiense)火車站€47，基本上只要是到羅馬環城公路以內的任何地點，都不會超過€73。

Ciampino機場至市區

Ciampino機場無火車直達，可搭乘SCHIAFFINI-ATRAL巴士加火車的交通組合服務，搭乘巴士至Ciampino火車站後，轉搭火車至特米尼火車站，Ciampino Airlink單程€2.7。

比較方便而不需轉乘的方式是搭乘巴士，車程約30~40分鐘，票價€6，提供服務的巴士公司有Terravision Bus、Rome Airport Bus、SIT Bus及SCHIAFFINI-ATRAL。搭計程車前往羅馬市中心€31。

SCHIAFFINI-ATRAL巴士

⊕www.atral-lazio.com

羅馬行前教育懶人包

INFO

基本資訊
人口：4,216,553　面積：5,352平方公里　區碼：(0)6

城市概略
　　羅馬是個精采絕倫的城市，藝術愛好者光是梵蒂岡博物館就能沈浸一整天，對歷史建築感興趣的人，走進羅馬競技場就能研究半天，更不用説無數的華麗噴泉廣場、教堂聖殿和名品街區，不管以那種方式安排行程，都不是三兩天能看盡。除了必看景點，建議先挑出自己感興趣的地點，再依時間安排行程。

舊城古蹟巡禮
　　古代羅馬區是認識永恆之城的最佳起點。圓形競技場是世上僅存最大的古羅馬遺址，周圍的帝國議事廣場和羅馬議事廣場是帝國的政治宗教中心，帕拉提諾之丘則是皇帝居住的宮殿區，而坎皮多怡歐廣場上的卡比托利尼博物館更典藏了大量古羅馬珍貴雕塑。傍晚繞過威尼斯廣場，走進舊城中心區，萬神殿廣場和拉沃那廣場周圍滿是美食誘人的香氣，挑一間小酒館品嚐道地的羅馬滋味，而夜裡亮燈的噴泉更添巴洛克羅馬的浪漫氣息。

經典藝術建築之旅
　　梵蒂岡博物館不但收藏了基督教世界的寶物，還有古埃及、希臘羅馬、中世紀及文藝復興時期的大師傳世鉅作。離開藝術的寶庫，在聖彼得大教堂內細細品味榮耀上帝的極致藝術。鄰近特米尼火車站的大聖母瑪利亞教堂，或是座落於公園綠樹中的波各塞美術館也都是藝術饗宴。

博物館免費日
　　每個月的第一個星期日，可免費參觀羅馬的市立博物館、考古公園和文化遺址，部分博物館需提前線上預訂，並支付約€1~2的預訂費。

　　小心不要觸犯羅馬旅遊禁令！電影《羅馬假期》留下了奧黛莉赫本在西班牙廣場的階梯上吃冰淇淋的經典畫面，如今為了維護古蹟和市容羅馬當局頒布了旅遊禁令，這樣的行為以後不被容許了。法條規定在羅馬的古蹟不得飲食、隨意坐臥、在噴泉戲水，違反規定最高會被處以450歐元的罰款，千萬不要以身試法！

氣候
　　羅馬和梵諦岡都位於義大利中部的拉吉歐省(Lazio)境內，是古代羅馬的核心。拉吉歐省居於義大利半島中部，全境主要為平原和丘陵，傳統上是個農業區，不虞匱乏的農產品，加上源源不絕的遊客，使得這區的美食發展出獨特風味。

	1月	4月	7月	10月
平均高低溫	13/4℃	18/8℃	29/18℃	22/12℃
平均日照	4hrs	7hrs	11hrs	6hrs
雨量	67mm	83mm	24mm	122mm

關於羅馬的住宿
　　◎根據羅馬議會的決議，住在羅馬除了旅館費用之外，不管是公寓、民宿或星級旅館，都需要額外付城市税，根據不同等級住宿，每人每晚的城市税為€3~7不等。9歲以下孩童不需付城市税。

　　◎特米尼火車站四周的旅館最為密集，無論前往機場、搭乘火車或地鐵和巴士都相當方便，不同等級的旅館選擇也多，從青年旅館、B&B、商務旅館到星級飯店都有。不過周遭環境較複雜，尤其是車站西邊的Giolitti街，對女性遊客來説，夜晚要注意安全問題。

◎舊城中心區有不少便宜又好的旅館,不過這一區沒有地鐵通過,距離任何地鐵站都有一段距離,要懂得利用巴士,才能解決交通問題。

◎以Spagna和Barberini地鐵站為主的羅馬北區有不少好的高檔飯店,不論交通或周邊環境都不錯。

需要租車嗎?

在羅馬市區,只要靠著地鐵、巴士等大眾運輸工具,再用自己的雙腳,就可以走完大部分的景點,即使郊區小旅行,也只要地鐵轉巴士就可以抵達,完全沒有租車的必要。

不過如果你想租輛速克達,體驗羅馬假期的樂趣,那又另當別論。記得在出發前,先在國內辦好國際駕照,因為在義大利,租摩托車也得出示駕照。

觀光優惠票券好用嗎?

羅馬卡Roma Pass

如果打算參觀許多博物館和古蹟,並大量使用交通工具,購買一張羅馬卡是不錯的選擇,卡片期限為72小時(3天),可無限次使用所有種類大眾運輸工具,免費進入前兩處博物館或古蹟,適用的景點包括:阿皮亞古道公園、圓形競技場、波各賽美術館、國立羅馬博物館等超過45個博物館、美術館及歷史遺跡。除了兩間自選博物館以外,其他博物館也享有折扣優惠,此外,更提供9家免費參觀的館所。另有48小時羅馬卡,免費進入的自選博物館為一處,其餘優惠相同。羅馬卡可於官方網站、遊客服務中心(PIT)、地鐵站的ATAC售票口、P.Stop以及各大博物館和古蹟購得。

💰72小時羅馬卡€52,48小時羅馬卡€32

🌐www.romapass.it

觀光行程

觀光巴士

想要以輕鬆惬意的方式快速了解羅馬,不妨搭乘專為旅客設計的觀光巴士,上層為開放式座位,車上並提供包含中文的各種語言導覽服務,有效期限內可隨上隨下的車票(Hop-on/Hop-off),不但飽覽城市風光,也可取代市區巴士及地鐵做為景點間的移動工具。不同公司的路線大致相同,主要停靠站:特米尼車站→圓形競技場→大競技場→威尼斯廣場→聖彼得廣場→許願池→巴貝里廣場→特米尼車站。

Sightseeing Roma

🕐9:00~18:40,4~10月每8分鐘一班次,3月和12月每11分鐘一班次,11~2月每16分鐘一班次。

🌐www.city-sightseeing.it/rome

遊河船

從4月到10月,沿著羅馬的母親河—台伯河(Tevere),從水上觀看羅馬風景,可在船票24小時有效時間內,於台伯利納島、聖天使堡等四個碼頭自由上下船。

🕐4~10月,10:00~18:00,每30分鐘一班次

🌐www.romeboat.com

羅馬的遊客中心在哪裡?

羅馬旅遊局Turismo Roma

☎(06)0608 🌐www.turismoroma.it

旅遊局熱線電話於每日9:00~19:00間提供住宿、餐廳、交通及文化表演等各項旅遊諮詢服務。並可於網站上購買各項門票及表演票券。

市區及機場旅客服務中心

旅客服務中心(PIT)	地址	服務時間
特米尼車站	24號月台旁	8:00~19:00(整修暫時關閉,開放時間詳見官網)
名格蒂街	Via Marco Minghetti (與柯索大道交叉口)	9:30~19:00
帝國廣場大道	Via dei Fori Imperiali	9:30~19:00, 7~8月至20:00
聖天使堡	Piazza Pia	9:30~19:00
巴貝里尼	Via di San Basilio 51(羅馬市政旅遊及時尚局內)	週一至週五 9:00~18:45
聖彼得大教堂	Largo del Colonnato 1	9:00~16:00
Fiumicino機場	第三航廈(T3)入境大廳	8:30~18:00
Ciampino機場	入境大廳	8:30~18:00
聖彼得大教堂	Largo del Colonnato 1	9:00~18:00
Fiumicino機場	第三航廈(T3)入境大廳	9:00~17:45
Ciampino機場	入境大廳	8:30~13:00、16:15~20:45

P.Stop旅遊資訊站與公共廁所(部分販售羅馬卡)

P.Stop	地址	服務時間
拉渥那廣場	Via Giuseppe Zanardelli, 14	10:00~18:00
拉特拉諾一聖喬凡尼廣場	P.za di S. Giovanni in Laterano	10:00~18:00
艾斯奎利諾廣場	Piazza dell'Esquilino	10:00~18:00
馬焦雷門	Piazza di Porta Maggiore	10:00~18:00
Santa Maria Liberatrice廣場	Piazza di S Maria Liberatrice, 35-42	10:00~18:00
Via di Carlo Felice	Viale Carlo Felice	10:00~18:00

羅馬市區交通

地鐵

　　羅馬地鐵的標誌為紅底白字的M，市區只有兩條路線，A線(橘線)貫穿城市的西北、東南向，B線(藍線)則繞行東邊，兩條線在特米尼火車站交會。另有一條從Lodi往城市東郊行駛的C線(黃線)，對遊客而言不常使用。地鐵的班次非常多，但上下班人潮和大量觀光客常常讓地鐵連平時也大爆滿。

A線

　　主要觀光景點不少位於A線上，像是梵諦岡的Ottaviano、波各賽美術館的Flamino、西班牙廣場的Spagna、巴貝里尼廣場和許願池的Barberini、

羅馬地鐵、國鐵圖

↑ Jonio

Conca d'Oro

Libia

↑ Orte

Annibaliano

Bologna　Tiburtina　Quintiliani　M. Tiburtini

Rebibbia

Pontemammolo

S.M. Soccorso

Pietralata

↑ Viterbo

Spagna

Barberini

Repubblica

Policlinico

C. Pretorio

Battistini　Cornelia　Valle Aurelia　Ottaviano　Lepanto　Flaminio

Baldo Degli Ubardi　Cipro-Musei Vaticani

Termini

Tivoli Avezzano →

Cavour

Vittorio Emanuele

Manzoni

Colosseo

S. Giovanni

Re di Roma

← Civitavecchia Grosseto

S.Pietro

Circo Massimo

Furio Camillo

Colli Albani

Ponte Lungo

Piramide

Tuscolana

Trastevere

Garbatella

Arco di Travertino

Ostiense

Porta Furba Quadraro

Numidio Quadrato

Lucio Sestio

Basilica S. Paolo

Giulio Agricola

Marconi

Subaugusta

Cinecittà

Caserta
Cassino
Frosinone →

E.U.R.Magliana

Anagnina

↗往國際機場
Fiumicino Aeroporto

Tooricola

Capannelle

Ciampino

Frascati →

E.U.R. Palasport　E.U.R. Fermi　Laurentina

Nettuno ↙　Latina
Formia ↓　Velletri ↓　Albano Laziale

A線
B線
國鐵

共和國廣場的Repubblica等

B線

至於B線則抵達兩個重量級景點，圓形競技場和羅馬議事廣場的Colosseo，以及卡拉卡拉浴場的Circo Massimo。

營運時間

地鐵的行駛時間在5:30~23:30之間，週五、週六晚上更營運到凌晨1:30，不過基於治安考量，一般建議人煙稀少的時刻還是少搭地鐵為妙。

巴士

由於羅馬的地底下到處是千年古蹟，地鐵始終只有兩條線，無法四通八達，因此想前往舊城中心區的萬神殿一帶，或是拉渥那廣場等台伯河沿岸的地方，除了步行以外，就得搭配巴士。

羅馬的巴士幾乎涵蓋所有區域，不過由於路線比較複雜，所以最好隨身攜帶一份巴士交通圖，巴士總站在特米尼車站前的五百人廣場，其他如威尼斯廣場(Piazza Venezia)和Via di Torre Argentina都是許多公車會經過的地點。巴士主要行駛時間在5:30~午夜之間，過此時段另有夜間巴士提供服務，有夜間巴士服務的公車站牌會有一個藍色貓頭鷹的符號。

🌐viaggiacon.atac.roma.it(可使用路名、站牌或景點查詢巴士路線)

電車

在羅馬搭乘電車的機會並不多，因為當地的電車大多環繞市中心並主要行駛於市郊，其中3號可以抵達圓形競技場，19號可以抵達梵諦岡。

計程車

官方有牌照的計程車為白色，車頂有TAXI的字樣之外，車門並有羅馬的標誌，在火車站、威尼斯廣場、西班牙廣場、波波洛廣場、巴貝里尼廣場等觀光客聚集的地方，都設有計程車招呼站(fermata dei taxi)，因此叫車方便。你也可以撥打電話叫車(060-609)，不過車資通常從叫車的那一刻開始計算。車資按表計費，平日基本起跳價€3，週末假日€5，之後每公里跳錶約€1.1~1.2，夜間另有加乘費用，另放置行李箱的行李，第一件免費，之後每件收取1歐元。

大眾交通票券

羅馬的大眾交通工具(地鐵、電車、巴士、市區火車)共用同一種票券，除地鐵和市區火車限搭一次外，其他交通工具可在有效時間內(100分鐘)彼此轉乘，成人單程票券(BIT)每趟€1.5，另有可無限搭乘的交通周遊券販售，分為24小時券€7、48小時券€12.5、72小時券€18、7日券€24等，10歲以下孩童免費。

票券可以在煙草雜貨店(Tabacchi)、書報攤、地鐵站的ATAC售票口以及自動售票機購得。第一次使用票卡或周遊券時，必須在地鐵站或車上的打卡機打卡，上面會秀出使用的時間。

ATAC大眾交通工具洽詢處

📞57-003

🕐週一至週六7:00~20:00，週日8:00~20:00(ATAC地鐵售票口)

🌐www.atac.roma.it

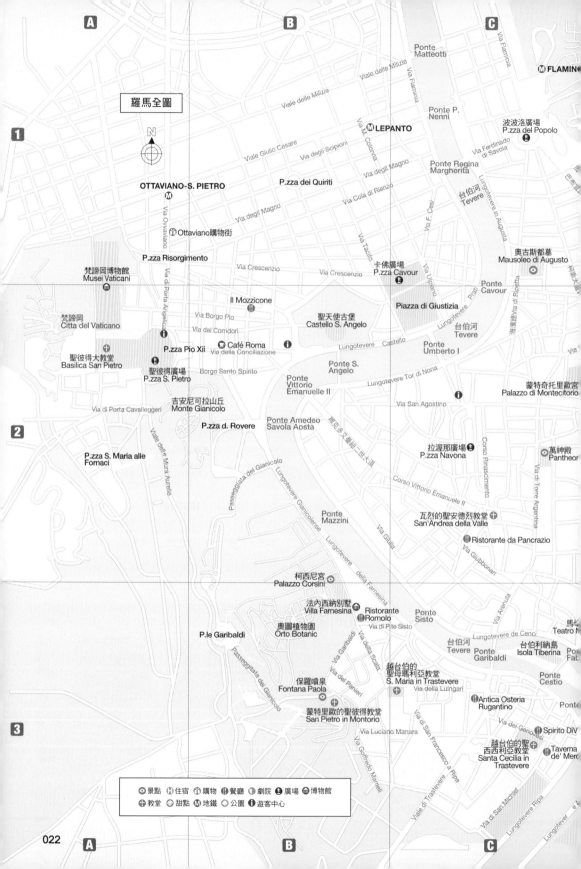

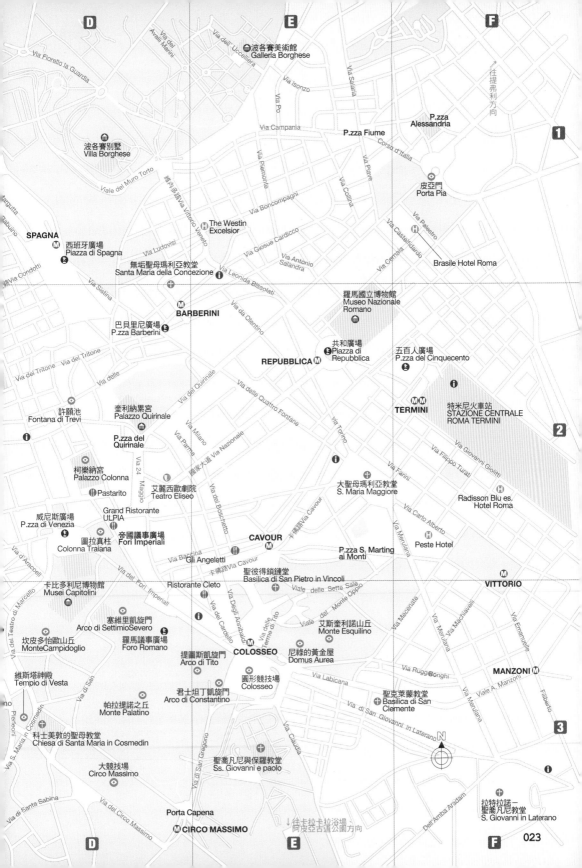

探訪羅馬，絕不能錯過這區羅馬發源地

古代羅馬區
Ancient Roma

古代羅馬區大致位於羅馬中央歷史區南邊，高聳的磚塔、傾頹的大理石、令人敬畏的古蹟遺址⋯讓人回到古代羅馬的現場。走進凱撒和他的敵人曾經抗爭流血之地，不能錯過的景點包括圓形競技場、古羅馬的政治宗教及經濟中心所在的羅馬議事廣場，還有為了紀念戰爭勝利的凱旋門和古羅馬皇宮所在地帕拉提諾之丘。而羅馬發源地的七座山丘之説，這一區就占了兩座山丘，其中坎皮多怡歐山丘在文藝復興年代，由米開朗基羅操刀規劃，是個城市改造計畫的典範，山丘上的卡比托利尼博物館，收藏著極為豐富的古代羅馬藝術。

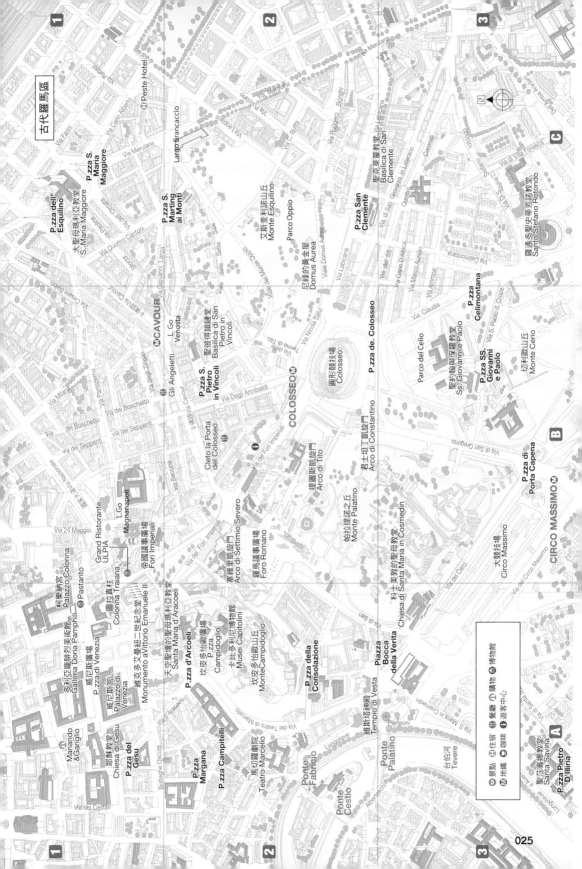

1 **2** **3**

Via Rattazzi

Ⓗ Peste Hotel

Via Farini

Via Carlo Alberto

Via Merulana

Via Merulana

Via Merulana

Via G. Botta

Via Ruggero Bonghi

Via C. Botta

Via di Villa Fonseca

Largo Brancaccio

Via Leopardi

Via Poliziano

Dell'Amba Aradam

N

C

P.zza dell'Esquilino

P.zza S. Maria Maggiore

大聖母瑪利亞教堂
S. Maria Maggiore

Via dell' Olmata

Via Carlo Cantoni

Via Quattro Cantoni

Sforza

Via Giovanni Lanza

P.zza S. Martino ai Monti

艾斯奎利諾山丘
Monte Esquilino

Parco Oppio

尼祿的黃金屋
Domus Aurea

聖克萊養教堂
Basilica di San Clemente

Via di San Giovanni in Laterano

Coronari

P.zza San Clemente

Via di Villa Caserta

羅通多聖史蒂芬諾教堂
Santo Stefano Rotondo

Via Celimontana

Ⓜ **CAVOUR**

Via Cesare Balbo

Via Cavour

Via Giovanni Lanza

L. Go Venosta

聖波得鎖鏈堂
Basilica di San Pietro in Vincoli

Viale Domus Aurea

Viale delle Terme di Tito

Via Nicola Salvi

圓形競技場
Colosseo

Via Claudia

P.zza Celimontana

Via S. Paolo d. Croce

切利歐山丘
Monte Cerio

Gli Angeletti

P.zza S. Pietro in Vincoli

Via degli Zingari

Via Panisperna

Via Milano

Via del Boschetto

Via dei Boschetto

Via dei Seppenti

Via del Seppenti

Via Baccina

Via dei Serpenti

Via Degli Annibaldi

Cleto la Porta del Colosseo ➊

Via dei Fori Imperiali

Ⓜ **COLOSSEO** Ⓜ

P.zza de. Colosseo

聖約翰與保羅教堂
Ss. Giovanni e Paolo

Parco del Celio

Via di San Gregorio

P.zza SS. Giovanni e Paolo

Via Nazionale

L.Go Magnanapoli

帝國議事廣場
Fori Imperiali

君士坦丁凱旋門
Arco di Constantino

Via 24 Maggio

Grand Ristorante ULPIA
Pastarito

圖拉真柱
Colonna Traiana

Via dei Fori Imperiali

提圖斯凱旋門
Arco di Tito

帕拉提諾山丘
Monte Palatino

B

Palazzo Colonna
和樂納宮

多利亞龐腓列美術館
Galleria Doria Pamphilj

威尼斯廣場
P.zza di Venezia

威尼斯宮
Palazzo di Venezia

圖拉真市場
塞維里凱旋門
Arco di Settimio Severo

羅馬議事廣場
Foro Romano

Via dei Cerci

大競技場
Circo Massimo

Ⓜ **CIRCO MASSIMO** Ⓜ

Via del Circo Massimo

維克多艾曼紐二世紀念堂
Monumento a Vittorio Emanuele II

天空聖壇的聖母瑪利亞教堂
Santa Maria d'Aracoeli

P.zza d'Arcoeli

坎皮多怡廣場
P.zza Campidoglio

卡比多利尼博物館
Musei Capitolini

坎皮多怡山丘
Monte Campidoglio

P.zza della Consolazione

和計美敦的聖母瑪利亞教堂
Chiesa di Santa Maria in Cosmedin

Via dei Cerci

Mariando & Garigilo

耶穌教堂
Chiesa di Gesu

P.zza del Gesu

Botteghe Oscure

P.zza Margana

P.zza Campitelli

Via d'Aracoeli

馬切羅劇院
Teatro Marcello

Via del Teatro di Marcello

維斯塔神殿
Tempio di Vesta

Piazza Bocca della Verità

Pierleoni

Lungotevere

A

Via dei Cestari

Ⓐ 景點 Ⓗ 住宿 Ⓡ 餐廳 Ⓢ 購物 Ⓜ 博物館
Ⓜ 地鐵 Ⓒ 咖啡 Ⓘ 遊客中心

Ponte Fabricio

Ponte Palatino

Ponte Cestio

Albertschi

Lungotevere

台伯河
Tevere

d'Aracli

聖莎賓娜教堂
Santa Savina

P.zza Pietro D'Illiria

Lungotevere

1 **2** **3**

全世界最大的古羅馬遺跡，
遙想帝國的盛世。

古代羅馬區：圓形競技場

圓形競技場
Colosseo

MAP
P.25
B2

歷經兩千年的光陰，圓形競技場的身影依然巍峨矗立。這座全世界最大的古羅馬遺跡，在羅馬帝國最強盛的時期進行的是最血腥的鬥獸賽，羅馬市民如癡如醉的同時，這座大型的活動舞台精密地操作著殘暴、但教人熱血沸騰的人獸爭戰，還有更令人嘆為觀止的海戰，也就是將競技場灌滿水進行水上戰鬥；今天觀眾的歡呼聲雖已沉寂，但走一趟圓形競技場，仍然不由得對古羅馬曾建立過的文明發出讚嘆之聲。

至少預留時間
自由參觀：1小時
參加導覽行程：2~3小時

搭地鐵B線於Colosseo
站下車

造訪圓形競技場理由

1 世界最大的羅馬古蹟

2 古羅馬建築的經典代表

3 羅馬的地標

參加導覽行程

競技場的**地下室**和**頂層看台**於2011年開放參觀，若想參觀地下室，可在網站預定實名制的Full Experience地下室與競技場的票種€22或是參加導覽團才能進入，網上預訂皆需另加手續費€2。旺季時導覽行程最好提早幾個月前預約。頂層看台目前因進行修復工程暫停開放。

購票地點

如果要現場購票，可以至人潮較少的**帕拉提諾之丘**，不但節省排隊的時間也省下線上購票的手續費€2。

展覽空間

競技場2樓的外圍是展示區，陳列一些雕像、古物和模型，讓遊客了解競技場的原貌和歷史，千萬不要錯過了。

☎ 3996-7700(訂票與資訊) 🌐 www.coopculture.it (訂票與資訊)
🕐 開始時間：每日9:00，結束時間：3月下旬至8月底17:15、9月19:00、10月18:30、11~2月中16:30、2月中至3月中17:00(結束前一小時停止入場)
💶 成人€16，另加收手續費€2(含羅馬議事廣場、帕納提諾之丘門票，有效期24小時)，另有Forum Pass SUPER與Full Experience不同路線票種可選擇。每月第一個週日為免費參觀日，但仍需在官網搶票或是在購票處排隊取票。
♿ 可租借中文語音及影片導覽或下載Parco Colosseo手機應用程式選購語音導覽
❗ 為避免排隊購票入場，建議提早於網站預訂；導覽團不開放現場購票，一定要事先網上預訂。符合免費門票資格的遊客，除了可以網上取票，自2023年5月起也可以在專用售票亭領取門票。

羅馬的劇場建築

圓形競技場的建築形制起源於古希臘的半圓劇場，兩個劇場併接成橢圓形，中心為表演場，外圍看臺是觀眾席，而羅馬人發展成熟的拱圈技術，讓看臺區擺脫地勢限制，可以在平地修建。羅馬共和的末期已出現鬥獸場，奧古斯都就建造過木造結構的圓形競技場，到了帝國時期，羅馬在各地大量建造圓形劇場，除了羅馬至今還有許多保存良好的遺跡，像是北義的維洛納和南法的亞爾勒。

競技場外的遺跡是羅馬時期的神廟。

Did YOU KnoW

圓形競技場的建造過程

羅馬皇帝偉斯帕希恩諾(Vespasiano)在西元72年為慶祝征服耶路撒冷而下令建造圓形競技場，選的地點原是尼祿皇帝的黃金屋(Domus Aurea)，西元79年偉斯帕希恩諾去世時，競技場還沒完成，因此由他的兒子提圖斯皇帝(Tito)建成並舉行啟用慶典，但主建築體的裝飾和地下結構的完備則是圖密善皇帝(Domitianus)於西元81~96年間陸續完成；由於這三位皇帝皆屬於弗拉維亞(Flavia)家族，因此圓形競技場原名「Flavius」，7世紀才定名為「Colosseo」，並使用這個名稱至今。

從羅馬議事廣場就可以遠眺圓形競技場。

競技場的頂層原本有支撐巨大遮陽布幕的欄杆，然後再以纜繩繫到地上的繫纜樁(Bitte)。

Did YOU KnoW

教宗竟然是競技場的破壞者？！

西元5~6世紀時，幾場劇烈的地震使圓形競技場受到嚴重損毀，到了中世紀被改為防禦碉堡使用。文藝復興時期因為梵蒂岡教廷大興土木，更有多位教宗直接將圓形競技場的大理石、外牆石頭取走，用做建造橋樑或教堂等的建築材料，直到1749年，教廷以早年有基督教徒在此殉難為由，宣布為受保護的聖地，才阻止了對圓形競技場的掠奪。

教宗皮烏斯六世(Pius)在此立了一座大型的木製十字架，以淨化此地撫慰亡靈。

欣賞競技場的建築細節，了解古羅馬殘忍的娛樂活動。

看台

　　圓形競技場是由拱廊包圍的橢圓形建築，長軸188公尺、短軸156公尺，結構共4層，1~3層均由80個圓形拱廊包圍看台，每一層設計的拱形柱式都不一樣，第4層的實牆以壁柱劃分，每個區間中央開一個小方窗，可掛一面青銅盾牌，外牆以灰白色凝灰岩砌築，相當雄偉。

格鬥場

　　中間表演用的格鬥場長86公尺、寬54公尺。當時會在木地板上灑上沙子，可以止滑並吸收角鬥士和野獸留下的血，方便清潔。如今地板早已崩壞，只剩下邊緣新鋪的平台。

地下層

野獸和角鬥士平常不住在競技場內，要上場前經過地下通道進入競技場的地下層等待，地下層用厚厚的混凝土牆隔成一間一間的密室，就是作為野獸的獸欄、格鬥士等待區及醫務室等。在每一間獸欄的外邊都有走道和升降機關，當動物準備出場時，用絞盤將獸欄的門拉起，再將階梯放下，動物就會爬上階梯進入競技場內。

血腥的格鬥文化

競技場的存在是為了解決大量無產階級造成的社會分化問題，一方面增加大型建設提供就業機會，一方面提供娛樂讓人民忘記政治。

格鬥士的來源多是罪犯、奴隸或戰俘，也有為了賞金自願前來的平民。格鬥的形式分為人對人、人對野獸、以及野獸互鬥。當格鬥士受傷倒下時，會被烙鐵燒燙，只能繼續戰鬥。輸的一方可以向觀眾投降，由皇帝決定生死。

這種殘忍的競技直到西元404年後，才被何諾里歐皇帝(Honorio)禁止，523年希奧多里拉皇帝(Theodori)舉辦了競技場的最後一場鬥獸賽，從此不再使用。

出入口

透過底層穿廊的階梯，可以到達任何一層觀眾席。而每層觀眾席都有出入口(Vomitorium)，再加上

穿廊設計，觀眾可以自由移動，以便在很短時間內找到座位。總共有80個出入口，使55,000名觀眾能依序進場。因為散場時人潮會像嘔吐般散開來，後來就成為英文字嘔吐(Vomit)的由來。

圓形競技場名字的由來

圓形競技場(Colosseo)這個字原文為巨大之意,其名的由來可能是尼祿皇帝在競技場旁擺上自己的鍍金巨大銅像之故,銅像高達35公尺,由希臘雕刻家季諾多羅(Zenodoro)所雕,作品稱之為「巨大的尼祿雕像」(Colosseo di Nerone),所以競技場便也跟著以「巨大」來稱呼了。

圓形競技場的外牆有四層,每一層設計的拱形門和柱子都不一樣,值得細細觀賞。圓拱之間以半突出的立體長柱分隔,底層為多利克式,中層為愛奧尼亞式,上層為科林斯式。

外牆

看懂古羅馬建築的各種柱式

在建築裝飾上,羅馬承襲了希臘特色,在柱式(Order)表現最能窺知一二。所謂柱式不只是裝飾功能,還包含了柱子直徑、整棟建築的柱高、柱子間距的規範,影響到整體建築結構。除了沿用希臘神殿的多利克式、愛奧尼亞式與科林斯柱式,羅馬人也發展出自己的複合柱式。

多利克柱式Doric Order

最早出現的柱式,特色是堅固結實,造型樸實,柱身有二十個凹槽,流行於西西里島。

愛奧尼亞柱式Ionic Order

柱身比較細長雅緻,呈現柔美線條,柱頭有一對如同貝類形狀向下捲的卷渦,使纖細的柱子在視覺上得以平衡上方眉樑的重量。

科林斯柱式 Corinthian Order

羅馬建築最常出現的柱式,柱頭圍繞著茛苕葉(acanthus,生長與地中海周邊的深綠葉灌木),從各方面看都具立體感,裝飾性的效果較大。

羅馬最早的天主教堂
和米開朗基羅創作的摩西雕像。

君士坦丁凱旋門
Arco di Constantino

MAP P.25 B2

如何前往

搭地鐵B線於Colosseo站下車，就位於圓形競技場旁

　　君士坦丁凱旋門是羅馬三座凱旋門中最重要的戰爭紀念建築，建於西元313年，興建目的在於紀念君士坦丁皇帝(Flavius Valerius Constantinus)於米爾維安橋(Battaglia di Ponte Milvio)一役中、打敗對手馬克森提(Maxentius)，取得唯一羅馬皇帝寶座的勝利。

　　西元312年君士坦丁和馬克森提兩軍交戰於羅馬北郊的米爾維安橋，君士坦丁以寡敵眾，馬克森提和他的軍隊在試圖越過台伯河逃亡時，臨時橋樑坍塌而全軍覆沒，君士坦丁大帝的勝利終結了一段皇位的紛爭，羅馬帝國再度一統於一位皇帝的治權之下。

凱旋門立面的矩形浮雕主要是雕著馬可士奧略利歐皇帝與達契安人的戰鬥，另一面則是馬可士奧略利歐及君士坦丁大帝的戰績。

拱門兩側以四根科林斯柱式石柱裝飾，頂端站著達基亞囚犯的大理石像，可能來自圖拉真廣場。

Did YOU KnoW

東拼西湊的君士坦丁凱旋門？！

君士坦丁凱旋門雖然表面上密布各式裝飾十分華美，但細看卻缺乏一種整體性，原來這些浮雕多數是從其他舊建築物拆裝過來的，有關這種作法學者有幾種解釋，其一可能是君士坦丁想藉此暗示自己和過去這幾位優秀的皇帝一樣偉大，另一種解釋是由於此座凱旋門建造時間太短來不及製作新的藝術品裝飾，但更多人傾向認為當時羅馬帝國國勢漸走下坡，財力也不如以往，才會「回收再利用」以前的裝飾品改造成新建築物！

偉大的君士坦丁大帝

君士坦丁大帝最著名的事蹟就是在位期間頒布《米蘭敕令》，將基督宗教合法化，停止了數百年來羅馬帝國對基督徒的迫害。這項舉措也深刻影響到了基督宗教的發展，時至今日已是世界三大普世宗教之一了。此外君士坦丁大帝也被認為是拜占庭帝國的創始者，他將帝國的政治中心遷至君士坦丁堡，也就是今日的伊斯坦堡，因此帝國的重心逐漸東移，造成了日後帝國的東西分治。

✝ **MAP P.25 B2** **聖彼得鎖鏈堂**
San Pietro in Vincoli

如何前往

搭地鐵B線於Cavour站下車，後步行約5分鐘可達

info

🎧Piazza di San Pietro in Vincoli 4/a

🕐8:00~12:30，15:00~19:00(10~3月至18:00)

💲免費

　這座興建於西元5世紀的教堂，建造目的在於供奉使徒聖彼得被囚禁於耶路撒冷期間所戴的兩副手鐐和腳銬(Miraculous chains)。這鐐銬原本被人攜往君士坦丁堡，艾烏多西亞女皇寄其中一副給住在羅馬的女兒，她的女兒再轉贈給當時的羅馬教宗雷歐內一世，並要求教宗興建教堂加以保存；幾年之後，另一副也被送回羅馬。此外教堂左翼美麗的7世紀馬賽克畫《聖賽巴斯汀》(St. Sebastian)也值得仔細觀賞。

據說手鐐和腳銬一接近便像磁鐵般吸黏在一起，如今它們一起安置於祭壇的玻璃櫃中。

位於陵墓中間的摩西像出自米開朗基羅之手，帶有大師一貫的力量與美，是文藝復興的顛峰傑作之一。

此教堂最著名的是米開朗基羅為教宗儒略二世(Julius II)所設計的陵墓，因為後來米開朗基羅被召去為西斯汀禮拜堂作壁畫，所以只有部分完成。

將本堂隔成三個空間的22根柱子，採用多利克式而非愛奧尼克柱頭，此情況在羅馬教堂中相當罕見，據猜測這些柱子可能是來自希臘。

古代羅馬區：圓形競技場

走進千年古城的政治中心，
見證帝國的興衰。

王牌景點 ❷

古代羅馬區：羅馬議事廣場

羅馬議事廣場
Foro Romano

MAP
P.25
B2

羅馬帝國的歷史幾乎是以石頭訴說，只要是羅馬人統治過的城市，都會在議事廣場(Foro)留下經典建築；然而帝國時期首都羅馬市中心的議事廣場則有別於其他城市，它有個特別名稱－羅馬議事廣場(Foro Romano)，因為它是專屬於羅馬人的，當時他們在此從事政治、經濟、宗教與娛樂行為。對這本「石頭書」作更進一步的瞭解，才會知道羅馬人所曾經擁有過的驕傲。

造訪羅馬議事廣場理由

1 瞭解古羅馬歷史發展脈絡

2 瞭解古羅馬人的政治與公共生活面貌

3 大範圍的遺跡仿彿置身千年古城

怎麼玩羅馬議事廣場才聰明？

出入口

羅馬議事廣場和帕拉提諾之丘是相連的，範圍非常大，**全區只有兩個入口**，分別在 **Via dei fori imperiali** 和 **Via di S. Gregorio**，距離非常遠，因此選擇入口對路線規劃很重要。**主要的出口在提圖斯凱旋門前**，直接通往圓形競技場；另一個出口則是在元老院後方。

觀景台

帕拉提諾之丘的觀景台在地勢高處，可以俯瞰整個羅馬議事廣場，遠處的圓形競技場也清楚可見。

至少預留時間
隨意參觀：1小時
仔細欣賞所有遺跡：3小時

搭地鐵B線於Colosseo站下車，後步行約5分鐘可達

☎ 3996-7700(訂票與資訊)
🌐 www.coopculture.it (訂票與資訊)
⏱ 同圓形競技場
💰 成人€16，另加收手續費€2(含羅馬議事廣場、帕納提諾之丘門票，有效期24小時)，另有Forum Pass SUPER與Full Experience不同路線票種可選擇。每月第一個週日為免費參觀日，但仍需在官網搶票或是在購票處排隊取票。
ℹ 與帕拉提諾之丘使用相同入口，提圖斯凱旋門有路標前往

這裡的每一磚一瓦都有著上千年的歷史。

貫穿羅馬議事廣場的最主要古道稱之為聖路，它是因宗教節日時，教士的行走路線而得名。

甚麼是議事廣場(Foro)？

Foro也就是英文的**Forum**，是指帝王公布政令與市場集中的地方，因此這裡是當時的政治、經濟與文化生活中心。在這樣的公共廣場裡，有銀行、法院、集會場、市集，可以說聚集了各個階層的人民。

古代羅馬區：：羅馬議事廣場

進入羅馬議事廣場可以先透過解說瞭解遺跡的相對位置。

漫步在斷壁殘垣之間，
每一個遺跡都記錄著一個時代。

羅馬的議事廣場是西元前616至519年，統治羅馬的伊特魯斯坎(Etruscan)國王塔魁紐布里斯可(Tarquinio Prisco)所建。西元前509年羅馬雖進入共和時期，但市民仍然繼續在廣場上修建神殿，直到西元二世紀，整片羅馬議事廣場的建築群才被明確界定完成。所以羅馬的議事廣場的建築年代歷經了伊特魯斯坎、共和及帝國三個時期。

古代羅馬區：羅馬議事廣場

羅馬議事廣場

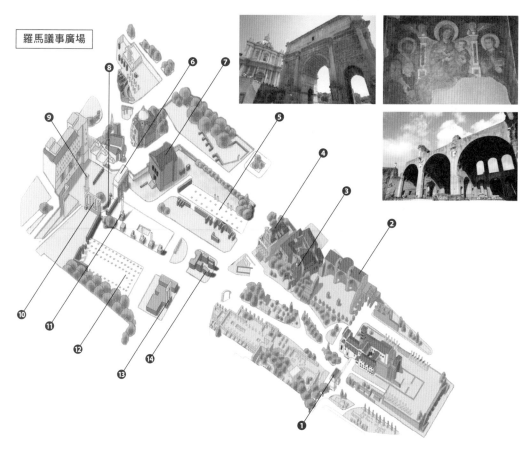

1 提圖斯凱旋門
Arco di Tito

提圖斯凱旋門是一座單拱的勝戰紀念建築，高15.4公尺、13.5公尺寬，4.75公尺深，是紀念提圖斯皇帝於西元70年時征服耶路撒冷所建，此古蹟坐落於早期的城市邊緣，和阿匹亞古道交會的地方，至今凱旋門上的浮雕依舊清晰，包括在天使注視下誕生的提圖斯靈魂以及描繪索羅門教堂被摧毀的傳說。

凱旋門上刻著元老院向提圖斯皇帝和他父親偉斯帕希恩諾致敬的字句。

DiD YOU KNOW
猶太人絕對不走的一道拱門！

正上方用拉丁文寫著「Vespasiano和Tito大勝猶太人凱旋而歸」的提圖斯凱旋門雖然記述了羅馬人勝利的喜悅，但對猶太人來說則代表傷痛的歷史，因為身為這場戰役的受害者，猶太人從此開始大流散，也被稱為以東流亡，所以猶太人多半會避開這道拱門不走，以免觸景傷情。

2 君士坦丁教堂
Basilica di Costantino

君士坦丁教堂是羅馬議事廣場上最龐大的建築，原是由當時的皇帝馬克森提烏斯於4世紀所建，當其戰敗遭罷黜後，便由君士坦丁繼續完成，就像一般所謂的羅馬教堂一樣，商業與審判所的功能要大於宗教用途。

3 羅莫洛神殿
Tempio di Romolo

建於西元4世紀的圓形神殿，當時的皇帝馬克森提烏斯為了紀念自己的兒子羅莫洛，因此以他來替神廟命名。在6世紀被改為聖科斯瑪與達米安諾教堂(Chiesa dei Santi Cosma e Damiano)的門廳。

4 安東尼諾與法斯提娜神殿
Tempio di Antonino e Faustina

這座造型奇特的神殿，是羅馬皇帝安東尼諾皮歐於西元2世紀時為其最後一位妻子所建，不過在他死後，這座神殿便同時獻給這對夫妻。中古世紀時曾被改為「米蘭達的聖羅倫佐」教堂，17世紀又被改建而成為今天這種巴洛克教堂正面立於古羅馬神殿中的形式。

5 雅密利亞大會堂
Basilica Emilia

原是多柱式的長方形大廳，西元前2世紀時由共和國的兩位執政官下令所建，不過並非做為宗教用途，而是提供借貸、司法及稅收等用途。建築原貌相當宏偉，側邊有兩排的16座拱門。

Did YOU KnoW

為了皇位兄弟相殘

騎士出身的賽維羅皇帝熱愛征戰各地，但從這道塞提密歐賽維羅凱旋門及他的死前遺言「願你們兄弟和睦相處」也可看出他對兒子們的重視，在他死後兒子卡拉卡拉和蓋塔共治繼位，但諷刺的是哥哥卡拉卡拉為了可以獨裁統治殘忍殺害了弟弟蓋塔，甚至消除一切關於蓋塔的紀錄，在221年將蓋塔名字從凱旋門上塗去，這一舉動為屢屢動盪的羅馬皇位之爭，又做了一次歷史紀錄。

6 塞提密歐賽維羅凱旋門
Arco di Settimio Severo

於西元203年賽維羅皇帝登基10週年所建，門上有讚頌兒子蓋塔(Geta)和卡拉卡拉(Caracalla)的銘文，浮雕則描繪羅馬皇帝在阿拉伯世界的勝利。由於保存的狀況良好，而成為這片廢墟中美麗又醒目的建築。

凱旋門右側是公共演講台，當年的羅馬演說家就在站在上頭向一般公民發表意見或學問，Rostra這個字是指戰艦之鐵鑄船首，那是因為羅馬人把被俘的敵船船頭，拿來裝飾講台四周的緣故。

7 元老院
Curia

這座複製的元老院重建於原元老院大廳的遺址上。羅馬的第一座元老院建於隔壁的聖馬丁納與路卡教堂，之後遭祝融所毀，而於西元3世紀在迪歐克雷濟安諾(Diocleziano)皇帝令下重建，目前所見便是仿造的複製品。

9 偉斯帕希恩諾神殿
Tempio di Vespasiano

這三根殘柱也是羅馬議事廣場的地標，原是屬於偉斯帕希恩諾神殿的多柱式建築。是為羅馬皇帝偉斯帕希恩諾及其繼任的兒子提圖斯而建。

Did YOU KnoW

原來聖誕節跟星期六都跟農神有關？

古羅馬人將12月17-24日間的冬至時分定為農神節以表達對農神沙突斯的崇敬，並慶祝一年來農作的成果。農神節如同古羅馬人的過年一樣，他們會闔家團圓並狂歡玩樂，羅馬帝國基督教化後，農神節的許多習俗被轉化成聖誕節，如互贈禮物、立聖誕樹等，但本質上團圓及慶豐收的意義仍然存在，所以農神節可說是聖誕節的前身。另外，其實星期六也是由農神沙突斯Saturn演變而成的，在拉丁文中將一個星期的最後一天命名為Saturni dies，意即農神之日day of Saturn，後演變成英文的Saturday，由此可知羅馬文化在整個西方世界的影響力有多大！

10 農神神殿
Tempio di Saturno

這八根高地基的石柱群屬於農神神殿，是6世紀重建之後的遺跡，最原始的建築出現於西元前5世紀，是廣場上的第一座神殿，為獻給傳說中黃金歲月時期統治義大利的半人半神國王，也就是象徵幸福繁榮的農神沙突斯(Saturn)。

11 佛卡圓柱
Colonna di Foca

在演講台前這根高達13公尺的單一科林斯式柱，是議事廣場最後的建築，立於西元608年，是為了感謝拜占庭皇帝佛卡將萬神殿捐給羅馬教皇。

12 朱力亞大會堂
Basilica Giulia

由凱撒興建於西元前54年，但卻是在他遭刺殺身亡後由其姪子奧古斯都完成，在經過多次劫掠之後，只剩下今天這種只有地基及柱底的模樣。

13 卡司多雷與波路切神殿
Tempio di Castore e Polluce

此神殿興建於西元前5世紀，是為了感謝神話中宙斯的雙生子幫助羅馬人趕走伊特魯斯坎國王，今天所見的廢墟及三根科林斯式圓柱，則是羅馬皇帝提貝里歐於西元前12年重建後的遺跡。

14 貞女神殿
Tempio di Vesta

圓形的貞女神殿興建於西元4世紀，由20根石柱支撐密閉式圍牆，以保護神殿內部的聖火，6名由貴族家庭選出的女祭司必須使其維持不熄的狀態，否則將遭到鞭笞與驅逐的懲罰。一旦處女被選為貞女神殿的祭司，她就得馬上住進旁邊擁有50個房間的三層樓建築——女祭司之家(Casa delle vestali)內。女祭司之家如今只剩下中庭花園及圍繞四周殘缺不全的女祭司雕像，不過卻是議事廣場內最動人的地方。

走進古羅馬的高級住宅區和起源地，體驗羅馬市民的日常。

帕拉提諾之丘地勢較高，可以俯瞰羅馬議事廣場。

MAP P.25 B2

帕拉提諾之丘
Palatino

如何前往

搭地鐵B線於Colosseo站下車，後步行約5分鐘可達

info

📞3996-7700(訂票與資訊)

🌐www.coopculture.it (訂票與資訊)

◉同圓形競技場

💶成人€16，另加收手續費€2(含羅馬議事廣場、帕納提諾之丘門票，有效期24小時)，另有Forum Pass SUPER與Full Experience不同路線票種可選擇。每月第一個週日為免費參觀日，但仍需在官網搶票或是在購票處排隊取票。

緊鄰羅馬議事廣場南側，身為羅馬七座山丘之一的帕拉提諾之丘，一般推測為當

這片遺址佔地遼闊，至今還有許多尚未出土的建築與文物。

初羅馬創城的所在地，也因此保留了許多最古老的羅馬遺址。特別是在共和時期，這裡成了羅馬境內最炙手可熱的地區，到了帝國時期開始，就連歷任羅馬統治者也喜歡在此興建宮殿，也因此義大利文中的「宮殿」(Palazzo)便是從Palatino轉變而來。

二次世界大戰後，考古學家在此挖掘出許多歷史回溯至西元前8世紀的遺跡，正符合了當初羅穆斯創立聚落的傳統地點，也因此讓這項傳説多少也有些歷史根據。

羅馬七丘

羅馬城的發源也有七座山丘之説，這七座山丘位於羅馬心藏地帶台伯河東側，原本分別為不同的族群所占有，其中，由羅穆斯射出一支山茱萸木於帕拉提諾(Palatino)丘頂而從此奠基，而坎皮多怡歐山丘則是羅穆斯給予鄰近城鎮奔逃至羅馬的庇難所。

其他五座則分別是阿文提諾(Aventino)、西里歐(Celio)、艾斯奎利諾(Esquilino)、奎利那里(Quirinale)和維米那里(Viminale)，目前上面都有紀念碑、建築物與公園。

① 奧古斯都宮
Domus Augustana

這裏並不是專指奧古斯都屋大維的住所，而是指圖密善皇帝(Titus Flavius Domitianus，西元81~96年)打造的私人宅邸，之後成為歷任皇帝喜愛的居住，裡頭包含了專屬皇室家族使用的區域，以及面向柱廊中庭的臥室。(「奧古斯都」是屋大維以後的羅馬帝國時期對皇帝的稱號。)

② 莉維亞之屋
Casa di Livia

西元前1世紀時曾是一棟非常漂亮的宅邸，過去曾是奧古斯都皇帝和他的妻子莉維亞的家。建築樣式簡單，但室內埋有中央暖氣運輸管，並保存了令人印象深刻的壁畫。

④ 弗拉維亞宮與帕拉汀諾博物館
Domus Flavia & Museo Palatino

圖密善皇帝時期所建造，當時為一座開放宮殿，不過如今保存下來的僅剩斷垣殘壁和兩座完整的噴泉。弗拉維亞宮隔著帕拉汀諾博物館與奧古斯都宮相鄰，博物館內展示了彩色陶土面具、雙耳細頸瓶、6世紀花瓶、骨灰甕、遠古聚落模型、小型半身塑像以及馬賽克鑲嵌畫等作品。

③ 運動場
Stadio

由熱愛運動的圖密善皇帝所興建，並在西元86年創辦卡比托里尼運動會。這座令人印象深刻的複合式建築擁有雙層柱廊，配備小型的橢圓形角鬥場、體育館、花園、觀眾席以及皇帝專用看臺等設施，競賽場本身長160公尺、寬80公尺，一旁毗鄰Septimius Severus宮殿和浴場。

⑤ 瑪納瑪特神廟
Tempio della Magna Mater

展現了羅馬對於異教的寬容，瑪納瑪特是古代小亞細亞人崇拜的自然女神，又稱為西芭利(Cybele)，祂在西元前204年左右傳入羅馬，據說女神化身為黑石，因而從弗里吉亞地區(Phrygian，今天土耳其境內)將這塊石頭帶到羅馬時，興建了這座神廟供奉。

帝國議事廣場
Fori Imperiali

如何前往

搭地鐵B線於Colosseo站下車，後步行約
10~15分鐘可達

info

ⓦwww.capitolium.org

圖拉真市集及帝國議事廣場博物館
(Mercati di Traiano Museo dei Fori Imperiali)

ⒶVia IV Novembre 94 Ⓣ0608 Ⓞ9:30~19:30
Ⓢ全票€11.5，優待票€9.5(線上訂票需加€1預訂
費) Ⓦwww.mercatiditraiano.it

　　因為羅馬議事廣場不敷帝國時期急速
擴張的都市規模與人口使用，從西元前
1世紀開始直到第2世紀的羅馬皇帝，便
於原廣場的北面相繼建立自己的議事廣
場，因此這1萬5千平方公尺的範圍內，一
共有四座皆以皇帝為名的議事廣場，包
括：凱撒(Cesare)、奧古斯都(Augusto)、
內爾瓦(Nerva)、圖拉真(Traiano)，統稱為
「帝國議事廣場」(Fori Imperiali)。

高38公尺、以18塊大理石構成
的圖拉真柱雕刻了出征、皇帝訓示、
雙方交戰及凱旋歸來的情節，可說是
圖拉真的官方宣傳告示。

1 凱撒議事廣場

凱撒議事廣場的興建年代最早，完成於西元前46年。當時羅馬政治的中心在古羅馬廣場，貴族的活動和公共事務的討論都在這裡進行，此外也象徵著元老院的權威，凱撒為了實現獨裁必須累積自己的政治實力，因此才興建了凱撒議事廣場，希望透過政治中心的轉移來打擊元老院。

2 奧古斯都議事廣場

而獨權在握的屋大維成為奧古斯都皇帝後，也積極建立羅馬人對他的個人崇拜，奧古斯都議事廣場的巨人廳(L' Aula del Colosso)即以一尊巨大的奧古斯都像為中心，同時在廣場的中心點，也聳立了一尊奧古斯都騎乘四馬戰車邁向勝利的雕像。雖然如今只剩碎石可供憑弔，但從巨人廳仍留存的巨手、巨腳來看，奧古斯都像應該有11至12公尺高。戰神廟則以帝國英雄人物雕像，彰顯奧古斯都一脈相傳的榮耀。

3 圖拉真廣場

圖拉真自認是帝國的新創建者，因此建造了面積超越前幾位皇帝的雄偉議事廣場。圖拉真議事廣場是由大馬士革的建築師阿波羅多羅(Apollodoro)設計，其間半圓形的圖拉真市集(Mercati di Traiano)，包括150間商店和辦公室，販賣絲、香料及各種蔬果等，想必是當年最繁華熱鬧的地方。在哈德良皇帝時代，圖拉真議事廣場是羅馬人舉行慶典的主要場地，在帝國晚期，也常利用此地舉行釋放奴隸的聽證會及詩人發表會，而廣場上最重要的裝飾則圍繞圖拉真征服東方、擴張帝國版圖的戰功為主題。

4 內爾瓦廣場

內爾瓦廣場是帝國議事廣場中最小的一個，由圖密善皇帝(Domitianus)開始建造，在內爾瓦任內完成。這裡的原址是帝國議事廣場的出入通道，所以呈現狹長型。廣場的遺跡在16世紀時被當時的教皇部分拆除，拿來當做梵諦岡的建材，因此廣場上唯一保存完整的密涅瓦神廟也只剩下遺跡。

科士美敦的聖母教堂
Chiesa di Santa Maria in Cosmedin

MAP P.25 A3

如何前往

搭地鐵B線於Circo Massimo站下車，後步行約10分鐘可達

info

⌂ Piazza Bocca della Verità 18

🕐 9:30~17:50　💲 免費

❗真理之口可拍照的時間與教堂開放時間相同，一旁有箱子採自由樂捐

　　這座藏身於古羅馬廢墟中的純樸小教堂，又稱「希臘聖母堂」(Santa Maria in Schola Graeca)，因為它原是居於羅馬的希臘商人的禮拜教堂，也有許多希臘僧侶在此服務，更早的原址應是希臘神祇赫丘力士的祭壇。

　　最原始的教堂建築體猜測可能建於6世紀時，作為幫助窮人的機構，後在782年由教宗哈德良一世(Adrian I)重建，成為因無法偶像崇拜而遭宗教迫害的拜占庭人的庇護所。教堂在1084年日耳曼蠻族掠奪羅馬時遭到嚴重的破壞。

《羅馬假期》的經典場景！

教堂最受歡迎的當屬因經典電影《羅馬假期》而聲名遠播的真理之口(Bocca della Verità)，這塊西元前4世紀的人面石雕，原本可能是地下水道的蓋子或噴泉的出水口，石雕上的人臉被認為是在描繪異教的神，1632年被移來教堂中，中古世紀時人們相信，說謊者若把手放入面具口中，將會遭到被吞噬的懲罰。今日拜訪教堂的遊客大部分都是為了真理之口而來。

因為當初建造時經費不足，內部建築非常樸實。

古代羅馬區：羅馬議事廣場

西元1536年，教宗保祿三世(Paul III)指定米開朗基羅重新整建廣場，整建後的坎皮多怡歐廣場成為建築史上傑出的城市重建計畫。

坎皮多怡歐廣場
Piazza Campidoglio

如何前往

搭地鐵B線於Colosseo站下車，後步行約10~15分鐘可達

info

◎卡比托利尼博物館Musei Capitolini

⊙Piazza del Campidoglio 1　☎0608

🌐www.museicapitolini.org　⏰9:30~19:30

💰全票€11.5，優待票€9.5；特展全票€16，優待票€14。售票至閉館前一小時。

❶售票處在坎皮多怡歐廣場保守宮一樓，從保守宮的地下通道可進入新宮。每月第一個週日免費入場。

卡比托利尼博物館分別由市政廳(Palazzo Senatorio)、新宮(Palazzo Nuovo)和保守宮(Palazzo dei Conservatori)三館所組成。

　坎皮多怡歐山丘(Capitoline Hill)是羅馬發源的七大山丘之一，也是主丘(Capitolium)，對於羅馬人來說有神聖的地位。

　在羅馬帝國時代，主要神殿建築都興建於此丘上，如卡比托利朱比特神殿(Jupiter Capitolinus)和蒙內塔耶神殿(Monetae)，在兩座神殿之間，即羅穆斯(傳說中羅馬城建造者)給予鄰近城鎮奔逃至羅馬的庇難所。山丘不但是古羅馬人的生活中心，更由於元老院設置於此，也象徵權力中心。

① 斜坡階梯 Cordonata

相較於一旁「天空聖壇的聖母瑪利亞教堂」(Santa Maria in Arocoeli)那陡而長的階梯，米開朗基羅設計了一段寬而緩的斜坡式階梯，寬到足以讓馬車輕易地走上山丘上的廣場。

米開朗基羅的文藝復興精神，也表現在斜坡階梯的裝飾上。他在兩旁的欄杆下方安置了來自埃及的黑色玄武岩石獅，上方則是白色大理石、牽著馬的卡斯托耳(Castor)和波魯克斯(Pollux)。

卡斯托耳和波魯克斯是希臘羅馬神話中一對攣生兄弟，後來成為12星座中的雙子座。

② 市政廳 Palazzo Senatorio

廣場的正面的羅馬市政廳，建於中世紀，建築體包括一座由老馬汀諾朗吉(Martino Longhi the Elder)設計的鐘塔，是當年羅馬元老院開會的地方，從13世紀開始則成為參議院，後來則是羅馬市政廳。進入元老宮必須登上漂亮的階梯，設計者正是米開朗基羅。

在元老宮的兩層階梯下方，有兩尊代表尼羅河和台伯河的雕像，都是君士坦丁浴場的遺物。

Did You Know

米開朗基羅操刀設計的都市更新

米開朗基羅看準了此地將成為羅馬新的政治中心，一開始就設定了大翻修的內容，但從動工起事情進行得並不順利，直到他在1564年過世前，整建計畫完成的進度仍然很有限，17世紀時才由後繼者根據米開朗基羅的規畫，完成整建。
米開朗基羅以螺紋線條裝飾整片坎皮多怡歐廣場，廣場面朝著聖彼得大教堂，由寬大的斜坡台階(Cordonata)連接位在高台上的廣場和平地；並以放射狀條紋為廣場增添了遊逛樂趣。

母狼哺育雙生子的傳奇

傳說西元前8世紀中葉，特洛伊人的後裔羅穆斯(Romulus)和雷莫(Remus)這對由母狼哺育長大的孿生兄弟建立了羅馬城。

所以今天羅馬到處皆有母狼對雙生子哺乳的銅雕，便是從這段傳說而來，而羅馬(Roma)這個名字也正是由這對孿生兄弟的名字衍生而來。

③ 保守宮
Palazzo dei Conservatori

廣場南側是保守宮，中庭有君士坦丁大帝龐大雕像的殘骸，以及來自哈德良神殿(Tempio di Adriano)的浮雕、羅馬女神像等。第二層陳列室中，大部分是古典時期的雕刻品，如《拔刺的男孩》(Spinario)銅雕、被視為羅馬市標的《母狼哺育孿生雙子》(Romolo e Remo Allattao dalla Lupa)青銅雕像，也有精彩的繪畫作品，如卡拉瓦喬的《施洗者約翰》、《女算命師》等。

④ 新宮
Palazzo Nuovo

廣場北側的新宮，也是根據米開朗基羅的設計，於1654年完成。馬可士奧略利歐皇帝騎馬銅像的真品就存放於此，二樓的陳列室收藏的許多知名雕塑，包括希臘的《擲鐵餅的人》(Discobolo)、《垂死的高盧人》(Galata morente)等精彩作品。

⑤ 馬可士奧略利歐騎馬雕像
Marcus Aurelius

廣場中央的雕像是雄才大略的羅馬皇帝馬可士奧略利歐(Marcus Aurelius)，但這件作品是複製品，原件則保存在一旁的卡比托利尼博物館裡。

這裡是羅馬的市中心，有多處代表羅馬的經典地標

舊城中心區
Centro Storico

舊城中心區大致位於台伯河東岸，古代羅馬區的北側，大致就在羅馬舊城的中心地帶。

這裡有迷宮般的安靜巷弄，巷弄盡頭往往是羅馬重量級的紀念地標、明信片中熟悉的羅馬全景圖，以及電影中的經典場景，而隨處可遇見的古老教堂，樸實無華的外觀，往往教堂裡收藏了極為珍貴的藝術瑰寶。

其中，萬神殿、拉渥那廣場、許願池都是來到羅馬決不能錯過的一級景點。

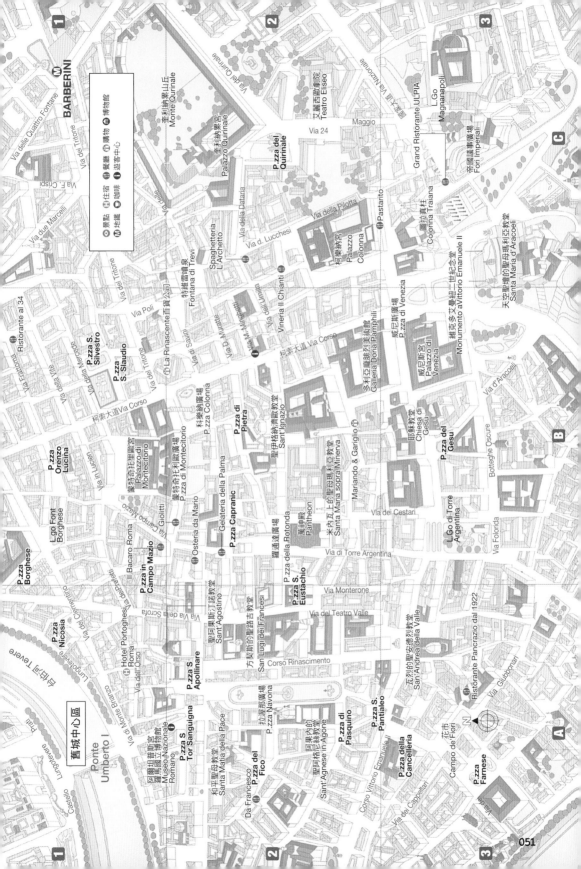

新舊羅馬交界，廣場上是現代義大利的地標。

造訪威尼斯廣場理由

1. 羅馬最大的廣場
2. 壯觀的維克多艾曼紐二世紀念堂
3. 充滿文藝復興元素的威尼斯宮

舊城中心區：威尼斯廣場

威尼斯廣場
MAP P.51 B3
Piazza Venezia

威尼斯廣場是羅馬最大的廣場，位在坎皮多怡歐山的山腳。這裡是羅馬帝國時期建築群的邊緣地帶，天主教時期的巴洛克羅馬與異教時期的古羅馬在此分疊，因此做為新舊城區的交匯處，這裡逐漸成為交通樞紐，羅馬的5條主要道路以此為起點，向四方放射狀延伸。直到1980年代經過羅馬市政府的重新規劃和整頓才形成現今的模貌。

如今的威尼斯廣場是現代義大利的地標，廣場上的維克多艾曼紐二世紀念堂和這座千年古都構成和諧的景緻，替羅馬注入了源源不絕的活力。

至少預留時間
在廣場上欣賞周邊建築 30分鐘
參觀紀念堂和威尼斯宮 1~2小時

維克多艾曼紐二世紀念堂
◎ Piazza Venezia
◷ 9:30~19:30
⊜ 免費，景觀電梯€15
威尼斯宮
◎ Via del Plebiscito 118
◷ 9:30~19:30
⊜ 全票€15，優待票€2

搭地鐵B線於Colosseo站下車，後步行約10~15分鐘可達。或於特米尼車站搭乘40、64、H等巴士。

怎麼玩
威尼斯廣場才聰明？

紀念堂免費參觀

維克多艾曼紐二世紀念堂是免費開放的！除了紀念堂外部有許多精美的雕像，內部也有陳列一些和義大利開國相關的文物。

景觀電梯

登上紀念堂的頂部門票€15，可以欣賞到附近的**羅馬議事廣場**和**帝國議事廣場**。

維克多艾曼紐二世紀念堂基座下的無名戰士墓隨時都有衛兵在旁邊守護。

廣場上巨大的騎馬銅像就是維克多艾曼紐二世國王，他最大的功績就是統一了義大利。

Did YOU KnoW
羅馬人眼中破壞城市原貌的「假牙」

雖然在觀光客眼裡威尼斯廣場十分美麗，但是在開工前這裡本來是坎皮多怡歐山丘的一部分和中世紀街區，大面積的工程改變了這一整區的市容，讓羅馬人很難輕易接受。純白色的維克多艾曼紐二世紀念堂在周圍黃褐色的建築群中更是顯眼，因此羅馬人也替它取了許多有趣的綽號，像是假牙**la dentiera**、結婚蛋糕**la torta nuziale**、打字機**macchina da scrivere**等等。

參見義大利的國父，欣賞無死角的羅馬市景。

祭壇下的無名戰士墓(Milite Ignoto)用以紀念戰死於第一次世界大戰的義大利士兵。

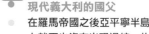

維克多艾曼紐二世紀念堂

　　高大的白色大理石建築維克多艾曼紐二世紀念堂(Il Vittoriano)完成於1911年，是獻給義大利統一後的首位國王，代表了義大利近代史上動盪不安年代的結束。

　　紀念堂的正面以16根高柱及勝利女神青銅像組成雄偉的門廊，建築物中心是一座「祖國的祭壇」(Altare della Patria)。目前紀念堂增建了一座景觀電梯，可以360度俯瞰羅馬市區。

現代義大利的國父

　　在羅馬帝國之後亞平寧半島上就再也沒有出現過統一的國家，由許多小公國取代，這些小國勢單力薄，只能長期在法國、奧國等歐陸大國的支配下存活。直到19世紀中，薩丁尼亞國王維克多艾曼紐二世任用義大利出色的政治家加富爾為首相，富國強兵，開始著手義大利的統一運動。在1861年對奧地利的戰爭勝利後終於完成了義大利王國的統一。

威尼斯宮

　　紀念堂左前方的暗紅建築則是威尼斯宮(Palazzo Venezia)，是由人文主義藝術家阿貝蒂於15世紀中葉，為來自威尼斯的紅衣主教所建，屬於文藝復興風格。在法西斯時代曾被墨索里尼當作指揮總部，中間的陽台便是他對群眾演講的地方，內部現改為博物館，展出15~17世紀的繪畫、陶器、木雕及銀器等。

全歐洲最賺錢的許願池！
許了願未來就一定會回到羅馬！

多利亞龐腓烈美術館
Galleria Doria Pamphilj

MAP P.51 B2

如何前往

搭地鐵A線在Barberini站下車，步行約15分鐘。或於特米尼車站搭乘40、64、H等巴士。

info

🏛 Via del Coroso 305

📞 679-7323

🕐 週一至週四9:00~19:00；週五至週日10:00~20:00(閉館前一小時最後入場)

🚫 每月第三個週三

💶 成人€15(線上訂票需加收€1手續費)

🌐 www.doriapamphilj.it

多利亞龐腓烈美術館展示的是龐腓烈家族重要的藝術收藏品，大多數是17世紀大師們的傑作，包括卡拉瓦喬(Caravaggio)、卡拉契(Carracci)、雷尼(Reni)、布爾傑(Jan Bruegel)、里貝拉(Ribera)、洛林(Lorrain)等，文藝復興巨匠的作品也不少，提香(Titian)、拉斐爾(Raphael)、布爾各(Pieter Bruegel)、

龐腓烈家族與多利亞家族

龐腓烈家族與多利亞家族一樣，都在義大利的歷史上扮演著舉足輕重的角色，他們若不是藝術的愛好者，就是靠著貴族間的聯姻而累積大量珍貴的藝術資產，17世紀羅馬的重要建築也多在他們的支持下完成。

18世紀龐腓烈家族沒有男繼承人，而引發波各賽(Borghese)、多利亞(Doria)和柯樂納(Colonna)家族的競爭，最後在教宗克勉十三世(Clement XIII)的主持下，與來自熱那亞(Genova)的多利亞家族聯姻，使這兩家族成為更強大的貴族勢力。

龐腓烈家族的徽章。

柯列吉歐(Correggio)、帕米吉安諾(Parmigianino)等，也在收藏和展出之列；雕塑方面則有貝尼尼(Bernini)的人物胸像，以及古代作品。

如今多利亞龐腓烈家族的後裔仍然是美術館的主人。

美術館的中央有個小庭園。

特維雷噴泉
Fontana di Trevi

如何前往

搭地鐵A線在Barberini站下車，後步行約10分鐘可達

info

⊙**Piazza di Trevi**

　　特維雷噴泉是羅馬境內最大、也是知名度最高的巴洛克式噴泉。這片如舞台劇般呈現的雕刻群像噴泉，前前後後花了312年才完成。

　　特維雷噴泉又被稱為許願池，高26.3、寬49.15公尺。原文「Trevi」其實是「三叉路」的意思，因為所在位置剛好涵蓋了三條馬路而得名。

　　1450年時教宗尼古拉五世委託建築師

這座噴泉的設計靈感來自羅馬的凱旋門型式建築，搭配後方的波利宮(Palazzo Poli)，整體造型像極了一座華麗劇院。

阿貝蒂(Alberti)重新規畫原始的噴泉，不過目前所見的美輪美奐結果，則是1733年由羅馬建築師沙維(Nicola Salvi)動工、直到1762年才正式落成，是羅馬噴泉中比較年輕、名氣卻最為響亮的一座。

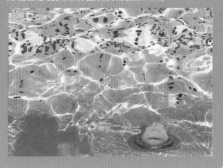

噴泉雄偉的雕刻敍述海神的故事，背景建築是一座海神宮(Palazzo Poli)，四根柱子分隔出三格空間，中間聳立著駕馭飛馬戰車的海神(Neptune)。

伴隨著海神的是兩位人身魚尾的崔坦(Triton)，控制的海馬一匹桀驁不羈，一匹溫馴馴服，象徵海洋的變化萬千。

海神的左右分別為豐饒女神與健康女神。

此外，這座噴泉的其他浮雕頗為細緻，出自巴洛克大師貝尼尼的學生們。

深刻影響後世建築，
經典的大圓頂萬神殿。

王牌景點 ④

造訪萬神殿理由

① 深刻影響後世的羅馬建築藝術經典。

② 與聖母百花大教堂齊名，全世界最著名的圓頂建築。

③ 許多偉人的長眠之地，包括文藝復興三傑之一的拉斐爾。

舊城中心區：萬神殿

✝ MAP
P.51
B2

萬神殿
Pantheon

有句古諺用來描述到了羅馬卻沒參觀萬神殿的人：「他來的時候是頭蠢驢，走的時候還是一頭蠢驢。」對於這個不朽的建築藝術傑作，是相當合理的讚美。

西元前27年時萬神殿由阿格里帕(Agrippa)將軍所建，西元80年時毀於祝融，現在看到的神殿是熱愛建築的哈德良皇帝於118年下令重建的。

重建後在建築上採用許多創新手法，開創室內重於外觀的新建築概念。拱門和壁龕不但可減輕圓頂的重量，並有巧妙的裝飾作用。

至少預留時間
只參觀萬神殿：30分鐘
參觀周邊景點：1小時

搭地鐵A線在Barberini站下車，步行約20分鐘

📍Piazza della Rotonda
🕐9:00～19:00(最後入場18:45)
💲免費

今天萬神殿的正式名稱就叫作聖母與殉道者教堂，每逢週日或其他聖日，裡面都會舉行彌撒儀式，而且不時也會舉辦婚禮。

怎麼玩
萬神殿才聰明？

仔細聽館內的廣播

萬神殿內隨時都擠滿了遊客，只要音量過高，館方就會用**不同的語言廣播來請大家輕聲細語**，非常有趣。

人少的時段

彩色大理石更增加室內的色調，給予後世的藝術家不少靈感。

在1436年聖母百花大教堂完成前，萬神殿一直是世界上最大的圓頂建築，其成就之驚人可想而知。

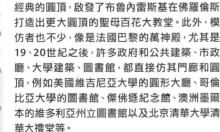

因為是**免費景點**，大部分時段都是滿滿的人潮，只有**早上人少很多**，這個時候來會舒服許多。

萬神殿的影響

身為保存最完整的古羅馬建築，也是羅馬建築藝術的巔峰之作，萬神殿對西方建築史的影響非常深遠，特別是文藝復興之後。

經典的圓頂，啟發了布魯內雷斯基在佛羅倫斯打造出更大圓頂的聖母百花大教堂。此外，模仿者也不少，像是法國巴黎的萬神殿，尤其是19、20世紀之後，許多政府和公共建築、市政廳、大學建築、圖書館，都直接仿其門廊和圓頂，例如美國維吉尼亞大學的圓形大廳、哥倫比亞大學的圖書館、傑佛遜紀念館、澳洲墨爾本的維多利亞州立圖書館以及北京清華大學清華大禮堂等。

Did YOU KnoW

大難不死的萬神殿！

西元609年時，萬神殿在教宗波尼法爵四世(Boniface IV)的命令下改為教堂，更名為聖母與殉道者教堂(Santa Maria ad Martyres)，因此逃過了中世紀迫害羅馬異教徒的劫難，成為保存最好的古羅馬建築，神殿中原有的眾神雕像也在當時被移除，改成與天主教相關的壁畫與雕像裝飾。

現在萬神殿每逢週日和聖日就會舉行彌撒儀式，不時還會舉辦婚禮，是貨真價實的教堂。

不只是經典的圓頂，
從細節欣賞羅馬建築的傑作。

立面8根高11.9公尺，由整塊花崗石製成的科林斯式圓柱，支撐著上方的三角山牆，後方還有兩組各4根圓柱共同組成這道門廊。

外觀與門廊

它的外觀簡單，正面採用希臘式門廊，寬34公尺，深15.5公尺。三角山牆上刻著這幾個字：「M·AGRIPPA·L·F·COS·TERTIVM·FECIT」，其實是「M[arcus] Agrippa L[ucii] f[ilius] co[n]s[ul] tertium fecit」的簡寫，意思是「馬可仕·阿格里帕(盧修斯的兒子)，三度打造此神殿」。

古羅馬人所使用的混凝土是來自拿波里附近的天然火山灰，並混合凝灰岩、浮石、多孔火山岩等多種石材。

圓頂

圓柱型神殿本身的直徑與高度全為43.3公尺，穹頂內的五層鑲嵌花格全都向內凹陷，並使用上薄下厚結構(基部厚約6.4公尺，頂部僅1.2公尺)，並澆灌混合不同材質密度的混凝土，總重達4535公噸

在建造圓頂時，愈是下方基座，石材愈重，到了頂部，就只使用浮石、多孔火山岩等輕的石材混合火山灰，大圓頂才能屹立千年不墜。

仔細看，凹陷花格的面積逐層縮小，但數量相同，都是28個，更加襯托出穹頂的巨大，給人以一種向上的感覺。

**躲過宗教迫害
卻逃不過自家人的摧殘**

萬神殿裡的大理石和青銅屢屢被盜，或作為其他用途。今天聖彼得大教堂裡由貝尼尼所打造的巨大青銅聖體傘，其鑄造原料就是拆卸自萬神殿門廊上的青銅板。還有，17世紀時，教宗烏爾巴諾八世(Urban VIII)也曾經下令熔掉萬神殿的青銅板，鑄造成大砲，安裝在聖天使古堡上。

**採光
與地板**　　　這整座建築唯一採光的地方，就是來自圓頂的正中央，隨著光線在一天中的移動，萬神殿的牆和地板花紋顯露出不同的表情，更教人讚嘆這棟建築的完美。

那鏤空的圓頂中央除了採光，也有散熱作用，而大雨來時，從圓頂宣洩下來的雨水，也會從地板下方的排水系統排出。

大理石地面使用了格子圖案，中間稍微突起，當人站在神殿中間向四周看去，地面上的格子圖案會變形，造成一種大空間的錯覺。

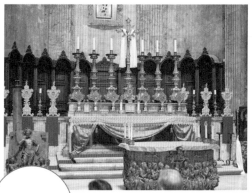

主祭壇　　　目前所看到的主祭壇及半圓壁龕，是教宗克勉十一世(Clement XI)於18世紀初下令蓋的，祭壇供奉的是一幅7世紀的拜占廷聖母子聖像畫。

因為目前萬神殿是一座名副其實的教堂，除了名人陵寢之外，環繞著內部的壁龕和禮拜堂，上面的雕塑和裝飾，都是萬神殿改成教堂之後，歷代名家之作。

壁龕與禮拜堂

名人陵寢

文藝復興以後，這裡成為許多名人的陵寢所在，文藝復興三傑之一的拉斐爾(Raphael)、備受羅馬人敬愛的畫家卡拉契(Annibale Carracci)、義大利作曲家柯瑞里(Arcangelo Corelli)，以及建築師佩魯齊(Baldassare Peruzzi)等。

到了現代，則有兩位義大利國王葬在這裡，一位是統一義大利的國王艾曼紐二世(Vittorio Emanuele II)，另一位是翁貝托一世(Umberto I)。

萬神殿噴泉

Fontana del Pantheon

萬神殿廣場上的噴泉是在1575年教宗格雷戈里十三世(Gregory XIII)，由曾經參與建造聖彼得大教堂的波塔(Giacomo Della Porta)所設計。到了1711年，教宗克勉十一世(Clement XI)要求重新整建，並立上一根埃及拉姆西斯二世時代(西元前13世紀)的方尖碑，底座並裝飾4隻海豚。

**來到羅馬城的中心，
欣賞巴洛克建築大師的傑作。**

米內瓦上的聖母瑪利亞教堂
Santa Maria Sopra Minerva
MAP P.51 B2

如何前往

搭地鐵A線在Barberini站下車，步行約20分鐘。

info

⊙ **Piazza della Minerva 42**

🕐 11:00~13:00、15:00~19:00

🌐 www.santamariasopraminerva.it

　　位於萬神殿後面的米內瓦上的聖母瑪利亞教堂，是座建於13世紀、在羅馬市區相當罕見的哥德式教堂。

　　教堂建築重建於米內瓦神殿遺址上，有米開朗基羅、貝尼尼和利比修士的重要創作。利比修士的壁畫在卡拉法禮拜堂(Cappella Carafa)中，包括《聖湯馬斯的勝利》、《聖母升天》和《聖告》圖等；最值得藝術愛好者注意的是，為早期文興復興帶來一股清新及人文畫風的安潔利柯修士(Fra Angelico)的陵墓，他主要創作都在佛羅倫斯，在羅馬唯一創作就在教堂內的卡帕尼卡小禮拜堂(Cappella Capranica)。

教堂前馱著方尖碑的小象雕刻生動，是貝尼尼的創作。

內殿中的站立基督像並不是米開朗基羅被重視的作品，或許和最後由他的學生完成有關，但仍可看到他日後在《聖殤》中耶穌臉孔的雛型。

拉渥那廣場

MAP P.51 A2

如何前往

搭地鐵A線在Barberini站下車，後步行約20分鐘可達。或於特米尼車站搭乘64巴士於S. A. DELLA VALLE下車步行3分鐘。

拉渥那廣場最早是羅馬帝國時一座可容納三萬人的圖密善運動場(Circus Domitianus)，所以呈現特別的長橢圓形。現在拉渥那廣場被公認是羅馬市區最漂亮的一座廣場，位於維克多艾曼紐大道(Via Vittorio Emanuele)和台伯河之間，是市區的中心地帶，白天的廣場上有兜售藝品的小販、炒熱氣氛的街頭藝人、露天咖啡館和餐廳總是座無虛席，夜裡噴泉亮起燈，點亮羅馬著名的夜生活區。

這裏是羅馬巴洛克氣氛最濃厚的地區，放眼望去都是貝尼尼(Gian Lorenzo Bernini)、巴洛米尼(Borromini)和波塔(Giacomo della Porta)等巴洛克大師的作品。

**① 四河噴泉
Fontana dei Quattro Fiumi**

四河噴泉是廣場中的主角，也是貝尼尼巔峰時的創作。這是為了要鞏固方尖碑所特別設計的。四座巨大的雕像分別代表著尼羅河(非洲)、布拉特河(美洲)、恆河(亞洲)，以及多瑙河(歐洲)，這四條河就顯現了當時人類對世界的理解。

**② 阿果內的聖阿格尼斯教堂
Sant'Agnese in Agone**

廣場旁阿果內的聖阿格尼斯教堂華麗優雅，正對著貝尼尼所打造的四河噴泉。

教堂是由巴洛米尼(Borromini)和雷那迪(Carlo Rainaldi)在1657年共同作品，是羅馬巴洛克風格建築的代表作之一，而在教堂地下室還可見到拉渥那廣場原址圖密善運動場的遺跡。

**③ 摩爾人噴泉
Fontana del Moro**

廣場南端的摩爾人噴泉同樣出自貝尼尼之手，雄壯的摩爾人站在海螺殼上，手抱海豚，周圍則是四隻噴水的海怪。其實一開始這座噴泉是波塔於1575年設計的，後來貝尼尼於1653年增加了摩爾人雕像。1874年整修噴泉時原作被搬到波各賽美術館，目前看到的是複製品。

舊城中心區：萬神殿

Did YOU KnoW

巴洛米尼與貝尼尼的爭鋒相對

平民出身的巴洛米尼和混跡於上流社會擁有無數金主的貝尼尼同為義大利巴洛克時期的領頭人物，但截然不同的出身跟個性導致兩人成為著名的死對頭！據說貝尼尼建造四河噴泉時特別讓代表布拉特河的雕像左手舉起貌似抵擋什麼，就是暗示對面巴洛米尼所建的聖阿格尼斯教堂會倒塌，而代表尼羅河的雕像用布蒙著臉則是不想看見這棟死敵建造的醜教堂，更流傳巴洛米尼為了反擊也在聖阿格尼斯教堂對著四河噴泉的方位高處立了座聖女像，代表有聖阿格尼斯護持教堂才不會倒，而且也藉此象徵天主教聖女高高在上壓制底下四河噴泉的四尊異教邪神。

巴洛米尼

貝尼尼

兩人初識於合作建造聖彼得大教堂的青銅聖體傘，貝尼尼負責整體設計，而結構工程及四根立柱的裝飾則由巴洛米尼團隊處理。

4 海神噴泉
Fontana del Nettuno

廣場北端的海神噴泉是波塔於1574年的設計，不過僅限於大理石底座和上半部的石頭，而接下來的三個世紀是沒有雕像的。直到1878年，為了與另兩座噴泉一較高下，才加上海神與八腳海怪搏鬥，以及女海神、丘比特、海象。

大圓柱的形式乍看和圖拉真柱很像，也是軍事勝利紀念柱。

舊城中心區：萬神殿

MAP P.51 B2

科樂納廣場
Piazza Colonna

如何前往

搭地鐵A線在Barberini站下車，步行約15分鐘。或於特米尼車站搭乘492、85號等巴士下車步行3分鐘。

科樂納廣場因為聳立著一根高大的馬可士奧利略柱(Colonna di Marcus Aurelio)而得名。

馬可士奧利略皇帝逝世後，元老院為他立了一根紀念柱，表彰他在對抗異族上的軍事勝利。刻滿螺旋式敍事浮雕的柱身，由28塊大石塊構成，高42公尺，柱頂有皇帝的雕像，柱內則有一條樓梯可通至柱頂，浮雕的技法和君士坦丁凱旋門類似，猜測是同一批工匠的作品；1588年建築師馮塔納(Domenico Fontana)曾在教宗的指示下，進行重建及裝飾紀念柱。

在熱鬧的舊城中心區，品嘗道地的羅馬風味。

Osteria da Mario
義大利料理

must eat!
義大利麵
€10~14
推薦菜

🏠 **Piazza delle Coppelle 51**

在萬神殿附近的這片小祭堂廣場(Piazza delle Coppelle)，白天是熱熱鬧鬧的傳統市場，當夜色來臨時，這裡又是另一種全新的感覺，寧靜又充滿食物的辛香。既然是以小酒館自居，Mario的烹調方式講究的是家常口味，秉持著最簡單、又最忠於原味的烹調方式，希望提供給顧客最傳統的羅馬滋味。

📍P.51B2 🚌搭巴士30、70、81、87、492、628、N70、N913至拉渥那廣場旁的Senato站下車，步行約5分鐘 ☎6880-6349 🕐12:00~15:30，19:00~23:30 ㊡週日

Da Francesco
義大利料理

must eat!
比薩
€9~24
推薦菜

🏠 **Piazza del Fico 29**

位於拉渥那廣場附近的小巷弄，一到用餐時間，總是一位難求；傳統的羅馬味道，除了受在地人歡迎，也獲得不少遊客好評。

格子條紋的紙桌巾、熱情活潑的服務人員、琳瑯滿目的義大利麵、香味四溢的披薩不斷從火紅的窯爐送出，座位總是從室內一直滿到室外的小廣場，典型的羅馬傳統廚房樣貌。你只要願意等(服務人員會精確地跟你說要等幾分鐘)，絕不會令你失望；在這裡用餐十分輕鬆自在，而且價格實惠。

📍P.51A2 🚌搭巴士30、70、81、87、492、628、N70、N913至拉渥那廣場旁的Senato站下車，步行約5分鐘 ☎686-4009 🕐12:00~16:00、19:00~23:30 🌐www.dafrancesco.it

Il Bacaro Roma
義大利料理

🏠 **Via degli Spagnoli 27**

隱身於小巷、坐落於轉角的Il Bacaro擁有迷人的門面以及露天座位，餐廳的內部也是小巧，高高的櫃台旁可感受到廚房內沸沸揚揚的工作氣氛，雖然是間小餐廳，端出來的食物卻頗為精緻。主廚對食物的細心處理與巧思搭配，更讓味覺感受到羅馬最令人難忘的美妙滋味。

📍P.51B1 🚌搭巴士30、70、81、87、492、628、N70、N913至拉渥那廣場旁的Senato站下車，步行約5分鐘 ☎342-333-6373 🕐12:00~15:00、18:00~00:00(週一18:00起) 🍴燉飯與義大利麵€16~30、主餐€24~32、品嚐菜單€120 🌐www.ilbacaroroma.com

Gelateria della Palma

義大利冰淇淋

🏠 **Via della Maddalena 19-23**

羅馬街上到處都有義式冰淇淋店，但這家位於萬神殿附近的冰淇淋店有些與眾不同，標榜有150種口味可以選擇，雖然你不可能每種口味都嘗試，但光看那一整櫃琳瑯滿目的各種口味冰淇淋，也能過足乾癮，不同於多數冰淇淋店都是點了帶走，你還可以坐下來一邊休息，一邊慢慢品嚐。

⬤P.51B2 🚌搭巴士30、70、81、87、492、628、N70、N913至拉渥那廣場旁的Senato站下車，步行約5分鐘 ☎6880-6752 ⏰8:30~00:30 🌐www.dellapalma.it

OLTRE 150 GUSTI DI GELATO

Ristorante Pancrazio dal 1922

義大利料理

🏠 **Piazza del Biscione 92**

這是一家古意盎然的餐廳，因為它是建於擁有兩千多年歷史的龐貝歐劇院(Teatro di Pompeo)廢墟上，在餐廳的地下室仍能看見這些原始遺跡。由窄小的旋轉梯走下，一道道圓拱撐起濃濃的古羅馬風情，最典型的網狀砌磚方式依然歷歷可見；在這些地窖式的空間中用餐，可以體驗一種與早已消失的羅馬帝國時空交錯的奇異感覺。

⬤P.51A3 🚌搭乘40、46、64、492等巴士至Via Torre Argentina下車後步行約5分鐘 ☎686-1246 ⏰9:00~00:00 💰義大利麵€12~19，主菜€12~26 🌐www.ristorantepancrazio.it

---

Giolitti

義大利冰淇淋

🏠 **Via Uffici del Vicario 40**

這間位於萬神殿附近的冰淇淋店是有歷史的，從1900年營業至今。Giolitti的冰淇淋標榜其獨家秘方，使用大量鮮奶油，份量亦超大。曾有大公司要收購其品牌及秘方，但都多次遭拒。除了冰淇淋之外，Giolitti本身還是一間咖啡廳，並提供簡餐。除了冰淇淋也有多樣化的甜點，在店裡享用需另外付座位費。

⬤P.51B2 🚌搭巴士30、70、81、87、492、628、N70、N913至拉渥那廣場旁的Senato站下車，步行約5分鐘 ☎699-1243 ⏰7:00~1:30 🌐www.giolitti.it

大片綠地和開闊廣場，走入不一樣的羅馬

羅馬北區
Northern Roma

從羅馬舊城的中心地帶往北走，視野逐漸開闊，不似中心區那般侷促擁擠。

這裡有公園、有綠地、有大廣場、有噴泉、有時尚購物區、有美術館、有教堂，還有羅馬古蹟。

羅馬組成的元素，這裡一樣也不缺，儘管名氣不似古羅馬區和舊城中心區那麼具代表性，卻呈現更多歡樂和悠閒氛圍，其中又以西班牙廣場更是人氣王。

1　　　　　　　　　　**2**　　　　　　　　　　**3**

vere Via Tevere
Via Livenza
Via di S. Teresa
Aniene
Via Puglie
Via Boncompagni
Via Quintino Sella
Via Aureliana

波各賽美術館
Galleria Borghese

Via Po
Via Piemonte
Via Piemonte
Via Quintino Sella
S. Maria della Vittoria
勝利的聖母教堂
L.Go S. Susanna
聖蘇珊娜教堂
S. Susanna

REPUBBLICA
共和國廣場
Piazza di
Repubblica

P.zza
Scipione
Borghese
波各賽別墅

P.zza Sienriewiciz

Via Campania
Via Sicilia
Via Abruzzi
Via Luculce
Via Boncompagni

P.zza San
Bernardo
P.zza San
Bernardo

Via Torino
四噴泉的聖卡羅教堂
San Carlo alle Quattro Fontane
歌劇院
Teatro dell'Opera

C

P.zza di Siena

Via Sardegna
Via Marche
Via d'Italia
Corso d'Italia
Via Romagna

Via Sardegna
Via Marche

勝利的聖母瑪利亞教堂
Santa Maria della Vittoria

The Westin
Excelsior
Via Vittorio Veneto

蜜蜂噴泉
Fontana delle Api

M BARBERINI
巴貝里尼廣場
P.zza Barberini

巴貝里尼宮
國立古典藝術館
Palazzo Barberini
Galleria Nazionale
d'Arte Antica

奎利納雷的
聖安德烈教堂
Sant'Andrea al Quirinale

Via della Quattro Fontane
Via delle Quattro Fontane

N

P.zza di Siena

Viale dei Magnolie

波各賽別墅
Villa Borghese

Berg Luxury
Hotel

Via Ludovisi
Via Lombardia
Via Emilia
Via Aurora

無垢聖母瑪利亞教堂
Santa Maria della Concezione

Via della Purificazione

奎利納雷山丘
Monte Quirinale

P.zza di Siena

Viale Goethe
P.le Brasile

Hotel Eden

Via Sistina
Via F. Crispi

Via del Tritone

○景點 ⊞住宿 ⊕餐廳 ⊠購物 ⊞博物
○咖啡 M地鐵 ❶遊客中心

Via Casinadi Raffaello

Viale San Paolo del Brasile

Viale del Muro Torto

SPAGNA

清慈．雪萊紀念館
Keats-Shelley Memorial

山上的聖三一教堂
Triniti dei Monte

P.zza Trinita dei Monti

Via due Macelli

Via delle Muratte

Via del Tritone

Via di Porta Pinciana

麥迪奇別墅
Villa Medici

Sermoneta Gloves

Via Sistina

Via Poli

噴泉廣場
Fontana di Trevi
La Rinascente百貨公司
許願池

B

波各賽別墅
Villa Borghese

品丘山丘 Pincio
Viale Obelisco

西班牙廣場
Piazza di
Spagna

希臘咖啡館
Antico Caffé Greco

Ristorante al 34

P.zza Mignanelli

Via Poli

Via del Corso
Via del Tritone

Viale del Belvedere
Viale A. Micara

c.u.c.i.n.a.

AVC

Monica
Garcia

M

P.zza S.
Silvestro

P.zza Colonna
科樂納廣場

Viale del Muro Torto

聖山聖母教堂
S. Maria di Monte Santo

波波洛廣場
P.zza del Popolo

波波洛聖母教堂
S. Maria dei Miracoli

Via della Croce

Via Vittoria

Via Frattina

Hotel D'Inghilterra

P.zza S. Siaudio

Via di Pietra

La Rinascente百貨公司

Gelateria della Palma

A

Piazzale
Flaminio

波波洛門
Porta Popolo

Santa Maria del Popolo
波波洛的聖母教堂

Via del Babuino

Via Bocca

Via Belsiana

ViaBelsiana

P.zza
Orenzo
Lucina

P.zza S.
Silvestro

蒙特奇托里歐宮
Palazzo di
Montecitorio
蒙特奇托里歐廣場
P.zza di Montecitorio

Piazza del Popolo

Enoteca Buccone

Via Margutta

Via delle Pace

Via Belsiana

Via di Leona
Via dei Fiori

L.go Font
Borghese

Giolitti

Osteria da Mario

Gelateria della Palma

P.zza
Napoleone I

Via Ferdinando di Savoia

奇雅聖母教堂
S. Maria dei Miracoli

Via della Frezza

Via dell'Ara Pacis

P.zza
Borghese

P.zza di Mario

Via della Palma

P.zza
Napoleone I

Via Angelo Brunetti

美術學院博物館
Accad. di
Belle Arti

和平祭壇博物館
Museo
dell'Ara Pacis

Via di Ripetta

P.zza
Nicosia

Hotel Portoghesi Roma

Campo Roma

P.zza in
Campo
Mazio

Via di Monte Brianzo

Osteria dell'Orso

Via degli Scialoja
Via Luisa di Savoia

Osteria Sant'Ana

奧古斯都墓
Mausoleo di
Augusto

Ponte
Cavour

Lungotevere Tevere
Via di Ripetta

Il Bacaro Roma

Via della Scrofa

聖阿果斯汀諾教堂
Sant'Agostino

Via G.B. Vico

Ponte P.
Nanni

台伯河
Tevere

Via Fendi

Lungotevere
Marzio

Via Fandi
Via Tomacelli

Lungotevere
in Augusta

Ponte
Cavour

台伯河
Tevere

Via di Monte Brianzo

聖路易斯吉諾教堂
羅馬國立博物館
Museo Nazionale
Romano

羅馬北區

Lungote
Lungotevere

Ponte
Regina
Margherita

台伯河
Tevere

Via M. Dionigi

Piazza di
Giustizia

卡伯河
Tevere

Ponte
Umberto I

P.zza S
Tor SanguignaApollinare

P.zza S

Lungotevere delle Navi

Via Michelangelo

Via Pietro Cossa

Via F. Cesi

Via Lucrezio Caro

卡佛廣場
P.zza Cavour

Via Ulpiano

Ponte
Umberto I

Michelangelo
Lungotevere

Via V. Orsini

Via dei Gracchi

069

1　　　　　　　　　　**2**　　　　　　　　　　**3**

《羅馬假期》的經典場景，
人氣超高的西班牙廣場。

造訪西班牙廣場理由

1 電影《羅馬假期》的經典場景

2 羅馬人氣最高的精品時尚購物區

3 欣賞廣場各個角落的建築細節

羅馬北區：西班牙廣場

MAP
P.69
B2

西班牙廣場
Piazza di Spagna

　　無論是旅遊旺季或淡季，無論何時來到西班牙廣場，都可見到滿坑滿谷的人潮。位於平丘(Pincio)山腳下的西班牙廣場，帝國時期是山丘花園，17世紀時西班牙大使館在此設立，因此廣場四周也多是西班牙人的不動產物業；到了18世紀，這裡就已經是羅馬最繁榮的中心了，四周圍旅館幾乎都是有錢英國貴族的落腳處。

　　西班牙廣場也以購物出名，是羅馬最著名的購物區之一，四周精品店櫛比鱗次。

怎麼玩西班牙廣場才聰明？

購物攻略

廣場前的康多提大道(Via Condotti)、法拉蒂那大道(Via Frattina)和波哥諾那大道(Via Borgognona)是商店最集中、最熱鬧的地段。

可以喝的泉水

羅馬的噴泉大部分都是可飲用的水，要喝**破船噴泉**的泉水甚至還要排隊呢！

預約波各賽美術館

波各賽美術館只接受**線上或電話預約**，千萬不要白跑一趟喔！

至少預留時間
參觀廣場：30分鐘
參觀、購物：至少1小時

搭地鐵A線於Spagna站下車

悠閒地坐在西班牙階梯上欣賞廣場，是來到這裡的例行公事。

由於觀光客愈來愈多，這條街上的許多商店假日也會營業。除了廣場上的知名品牌，廣場附近的巷弄也有許多小店家可以逛。

不只是廣場，各個角落
都有不同建築和故事等你一一發掘。

西班牙階梯
Scala di Spagna

長達135階的西班牙階梯是西班牙廣場的標誌之一。

如何克服平丘(Pincio)的陡坡，並連接山上的聖三一教堂和山腳下的廣場，從16世紀末即有不少討論，直到1717至1720年間，由義大利建築師史派奇(Alessandro Specchi)設計，並由山提斯(Francesco de Sanctis)來落實整個工程。

近年來時尚業還流行利用階梯為各式發表會的舞台，讓西班牙階梯的傳奇寫都寫不完。

1725年在教宗本篤十三世(Benedict XIII)的揭幕下，宣告完成了這座具有弧形線條、中段還有平台的階梯，為西班牙廣場增添浪漫風情。

破船噴泉
Fontana della Barcaccia

廣場中央的破船噴泉則是16世紀的作品，由教宗烏爾巴諾八世(Urbano VIII)委託貝尼尼父子設計，為廣場增加了歡樂和流動感。噴泉的設計靈感來自台伯河的水災，水災退去後在噴泉的所在位置留下一艘卡在泥濘中的小小救援船，貝尼尼就根據這個故事設計了噴泉的形式，紀念以堅毅和相互扶持度過危機的羅馬人。

噴泉的水先流入半淹於水池中的破船，再從船的四邊慢慢溢出，加上整座噴泉幾乎只和街面一般高，感覺真的很像即將沉入水底下的漏水船。

山上的聖三一教堂
Chiesa di Trinità dei Monti

廣場頂端有一根埃及方尖碑，方尖碑後的教堂是由法國人於16世紀末所建，立面則由波塔(Giacomo della Porta)所設計，屬於文藝復興晚期風格，而它雙子鐘塔哥德式的外觀，不同於在羅馬較常見到巴洛克式豪華和精雕細琢的感覺，成為廣場的代表地標。

巴賓頓茶室
Babington's tea room

位於西班牙階梯左側的巴賓頓茶室，1893年時由兩位英國婦人所開，至今已有約130年的歷史，當時是專為住在周遭的英國人服務，因為當時的義大利，茶只能在藥局買到。這茶室挺過了兩次世界大戰，也成為許多作家、演員、藝術家、政治人物的約會地點。

如今，茶室的內部裝潢仍維持19世紀末的模樣，店裡同時販售茶葉、杯、盤、雨傘、吊飾、甜點等。

濟慈一雪萊紀念館
Keats·Shelley House

　　紀念館的外觀還保持著濟慈到羅馬旅行時的樣貌，濟慈病逝前在此度過了生命中的最後幾個月。紀念館內展示的是英國詩人濟慈、雪萊和拜倫的文物及手稿，也包括王爾德的創作手稿及渥斯華茲的信件，是對浪漫主義文學有興趣的人必定朝聖之地。

🏠Piazza di Spagna 26　📞678-4235　🌐ksh.roma.it
🕐10:00~13:00、14:00~18:00(最後入場17:45)　🚫週日
💰全票€6、優待票€5

Did You KnoW
濟慈在羅馬的最後時光

　　約翰·濟慈(John Keats)是19世紀初的英國浪漫派詩人，他很早開始創作，22歲時就出版了第一本詩集，隨後幾年寫出了許多優秀的作品。25歲時不幸染上了肺結核，因為病情嚴重，濟慈希望離開英國找個地方好好養病，於是來到了他曾經落腳過、情有獨鍾的羅馬。不久後濟慈就在羅馬英年早逝。

無罪純潔聖母柱
Colonna dell'Immacolata

　　在西班牙廣場的南面有一根設立於1856年的高柱，教宗每年的12月8日都會到此紀念聖母處女懷孕的神蹟，由消防隊員爬上柱頂將花冠戴在聖母的頭上。無罪純潔聖母柱是1777年在一間修道院被發現的，原是古羅馬柱遺跡，1800年成為基督教的紀念柱，它的柱頂上站著聖母瑪利亞像，柱基則由摩西等先知的雕像簇擁著。

西班牙廣場購物區
High-fashion Boutiques Around Piazza di Spagna

「條條道路通羅馬」,但也有人這麼形容:「西班牙廣場周邊的道路都通向信用卡的債務。」以康多提大道(Via dei Condotti)為主幹的格子狀街道周邊,是名牌聚集的大本營,不管是奢華名品或是時尚潮牌,都能在這區域找到。

 c.u.c.i.n.a.

Alessi充滿趣味性的廚具和餐具,讓人見識到義大利人除時尚外在其他設計方面的創新,也因許多人前往義大利,都會選購一些杯碗瓢盆、咖啡壺或餐具,好讓自己的居家生活增添點色彩與變化。c.u.c.i.n.a.在羅馬有兩家分店,販售各式各樣的餐具和廚具,可愛的湯匙、素雅的玻璃杯、各種大小顏色的咖啡壺、琳瑯滿目的桌墊,整間店就像個百寶箱,裝滿所有廚房和餐廳所需用品。

 Sermoneta Gloves

如果你必須經常前往海外旅行或出差,又或者你只是單純的手套愛好者,Sermoneta Gloves是你必不可錯過的手套專賣店。Sermoneta Gloves的每個手套都是經過24道工序,於義大利全手工製作,在這裡你可以發現顏色多達60種的皮手套,無論是中等價位或是高級手套在這裡全部一應俱全。

⌂Via Mario de'fiori 65　☎8879-7774　⏱
10:30~19:30(週日至週一11:30起)

⌂Piazza di Spagna 61　☎679-1960　⏱11:00~19:00
🌐www.sermonetagloves.it

和古城中心區不一樣的風景，
充滿文藝氣息的羅馬北區。

MAP
P.69
B1

波各賽別墅與波各賽美術館
Villa Borghese & Museo e Galleria Borghese

如何前往

搭地鐵A線於**Spagna**站下車，後跟隨指標步行約20分鐘可達。或從特米尼車站搭乘92或910號公車至**Museo Borghese**下車

info

⊙**Piazzale Scipione Borghese 5** ☎美術館：841-3979，訂票：32810 ◷9:00~19:00 休週一 ⑤全票€13、優待票€2，參觀波各賽美術館務必事先於網站購票，需另加預約費€2；持羅馬卡需在網站或透過電子郵件預約 ✆www.galleriaborghese.it、www.tosc.it(購票網站)、romapass.ticketone.it(羅馬卡預約) ❶每月第一個週日免費入場，需事先於網站預約，另加預約費€2。

1605年紅衣主教西皮歐內·波各賽(Scipione Borghese)命人設計這個別墅與園區，這位紅衣主教同時也是教宗保羅五世最鍾愛的姪兒，還是位慷慨的藝術資助者，他曾委託年輕的貝尼尼創作了不少雕刻作品；19世紀時，波各賽家族的卡密妻王子乾脆把家族的藝術收藏品集中起來，並進一步充實收藏品數量，在別墅內成立了波各賽美術館。

Did YOU KnoW

不見的收藏品跑去哪了？

1803年時任拿破崙隊中將軍的家族首領卡米洛·波各賽親王(Camillo Borghese，1775－1832)迎娶了拿破崙的妹妹寶琳，雖然獲得許多名號加身，但隨之而來的便是資助法國的義務，於是他半被迫的向羅浮宮出售了大批家族收藏品，這次出售也被稱為義大利藝術史上的嚴重損失，所以這位拿破崙親妹妹寶琳雖然成為波各賽家族成員為博物館留下名為《寶琳波各賽》(Paolina Borghese)的精采雕像，但其實讓博物館損失慘重啊！

波各賽別墅花園建於羅馬時期的花園遺址上，19世紀時經過改建成為一座英式花園，並在1903年開放為市民的公共空

波各賽
美術館

間，是羅馬市區面積第三大的公園綠地，裡面除了主建築波各賽博物館之外，還有森林、池塘、博物館、動物園、賽馬場等。

波各賽
別墅

波各賽美術館以貝尼尼和卡拉瓦喬的作品最為出名，《阿波羅與達芙內》、《抿嘴執石的大衛》等都是貝尼尼的經典大理石雕，而卡拉瓦喬的作品更是豐富，包括了《聖傑羅姆》(Saint Jerome Writing)、《聖施洗約翰》(St John the Baptist)、《聖母子與蛇》(Madonna, Child and Serpent)、《男孩與水果籃》(Boy with a Basket of Fruit) 和《年輕生病的酒神》(Young Sick Bacchus)。

其他的珍貴收藏還有拉斐爾、提香、法蘭德斯大師魯本斯(Rubens)等大師的作品。

好去處。

園區位於市區北部，周圍被一大片綠地環繞，是散步與騎單車的

新古典風格的維納斯小神殿、人工湖、圓形劇場等，隱藏於樹叢之中，精緻典雅。

羅馬北區：西班牙廣場

以往被視為私人收藏並不對外開放的波各賽美術館，館內有許多珍貴的藝術品。

拉斐爾的《卸下聖體》(La Deposizione)幾乎被視為米開朗基羅《聖殤》像的翻版。

《搶奪波塞賓娜》(Ratto di Proserpina)是經典中的經典，冥王的手指掐入波塞賓娜大腿處，那肌肉的彈性和力道，使人無法想像它居然是石雕作品！

公園裡立了不少世界各地著名文學家的雕像，像是俄國詩人和小說家普希金(Alexander Pushkin)、埃及現代文學先驅邵基(Ahmed Shawqi)等。

國立現代美術館收藏了19世紀之後的繪畫，除義大利的畫家之外，還有克林姆(Gustav Klimt)、莫內(Claude Monet)等人的作品。

威尼斯畫派的代表人物提香的《聖愛與俗愛》(Amore Sacro e Profano)，作品中使用紅色的技巧以及對光線的掌握，深深影響著後代的藝術家。

奧古斯都墓與和平祭壇博物館
Mausoleo di Augusto & Museo dell'Ara Pacis

祭壇由雪白大理石雕成，中心是一座祭祀用的小祭壇，外圍牆上帶狀雕刻栩栩如生，描繪當年祭壇奠基的祝聖儀式。

如何前往

搭地鐵A線在Spagna站下車，步行約10分鐘

info

🏛 Lungotevere in Augusta

📞 (06)0608 　🕐 9:30~19:30

💰 全票€10.5、半票€8.5(閉館前一小時停止售票)

🌐 www.arapacis.it

❗ 每月第一個週日免費入場

　　這座供奉和平女神的祭壇於西元前9年落成，用以榮耀首任羅馬皇帝奧古斯都從西班牙和高盧凱旋歸來，為羅馬帝國帶來和平。祭壇原本位於羅馬北方郊區，被深埋地底4米深，直到20世紀才被挖掘出來，並重置在奧古斯都陵墓旁。

　　在藝術史上，和平祭壇具有劃時代的意義，這是史上第一次以當代人物的事蹟作為雕刻主題，而對皇帝的歌頌，不再是以寓意方式，而是直接表達。之後的提圖斯凱旋門、君士坦丁凱旋門都是依循前例的歷史場景雕刻作品。

上面出現的人物有奧古斯都及妻子莉維亞，以及可能繼承帝位的人物，包括阿格里帕(Agrippa)、凱撒(Cesar)、台伯留(Tibere)等人。

圓形外觀的奧古斯都墓已呈頹圮，目前不對外開放，只能從外面欣賞。

巴貝里尼廣場
Piazza Barberini

MAP P.69 C2

如何前往

搭地鐵A線在Barberini站下車

info

巴貝里尼宮國立古代藝術畫廊

Galleria Nazionale d'Arte Antica a Palazzo Barberini

⊙Via delle Quattro Fontane 13

☎32810 ●10:00~19:00(閉館前一小時停止售票)

休週一 €15 ⊕www.barberinicorsini.org

　　巴貝里尼廣場建於16世紀,最出名的就是廣場中央的海神噴泉(Fontana del Tritone),這是貝尼尼在羅馬的又一件噴泉傑作,從貝殼中現身的海神吹著海螺,栩栩如生。

　　廣場邊的巴貝里尼宮(Palazzo Barberini) 目前為國立古代藝術畫廊(Galleria Nazioanle d'Arte Antica di Palazzo Barberini),展示著12至18世紀的繪畫、家具、義大利陶器、磁器等作品,中央大廳天井的寓言畫則是科爾托納(Pietro da Cortona)的精彩之作。其中收藏的畫作都是大師級的作品,如卡拉瓦喬、拉斐爾、霍爾班(Hans Holbein)、利比修士(Lippi)、安潔利柯修士(Angelico)、馬汀尼(Simone Martini)、葛雷柯(El Greco)等。

巴貝里尼原是烏爾巴諾八世家族的宅邸,在巴洛米尼(Borromini)的協助下,將宅邸設計成度假別墅的形式。

廣場附近還有一座蜜蜂噴泉(Fontana delle Api),之所以選擇蜜蜂,因為這正是巴貝里尼家族的徽章。

●雕刻大師貝尼尼

走在羅馬街頭,不認識貝尼尼設計的各式噴泉,就不算認識羅馬。

濟安•勞倫佐•貝尼尼(Gian Lorenzo Bernini)從小努力學習羅馬古雕刻,又研究米開朗基羅和拉斐爾的作品。他的早期作品受到波各賽家族紅衣主教西皮歐內的注意,在主教的贊助下第一次雕刻重要的大型系列作品。

後來在教宗烏爾巴諾八世(Urban VIII)的支持下,貝尼尼開始大量創作,同時教宗也鼓勵他投入建築。噴泉就是貝尼尼對羅馬城市景觀最大的貢獻。

最早的作品是西班牙廣場上的破船噴泉(Barcaccia)。

拉渥那廣場上支撐方尖碑的四河噴泉,標示著貝尼尼建築事業的輝煌期開端。

無垢聖母瑪利亞教堂
Santa Maria della Concezione

如何前往

搭地鐵A線在Barberini站下車，步行約3分鐘

info

📍Via Vittorio Veneto 27　📞8880-3695　🕐教堂7:00~12:45、16:00~18:45；博物館10:00~19:00　💰教堂免費，博物館與地下墓室€10(門票包含語音導覽)　🌐museoecriptacappuccini.it　❗博物館與地下墓室禁止拍照

　這間教堂是由方濟會紅衣主教安東尼·巴貝里尼(Antonio Barberini)興建，並由主教的兄弟烏爾巴諾八世教宗，於1626年的聖方濟日奠定基石。然而真正吸引人們前來的並不是教堂，而是地下墓室。

　這處名列羅馬最恐怖且怪異的景觀，由3700位於1500~1870年間過世的修道士遺骸裝飾而成。一條狹窄的通道通往6處小禮拜堂，沿途和禮拜堂中滿是頭顱、手腳骨、脊椎骨等人骨拼貼而成的圖案，其中甚至還能看到依舊身著僧袍的骨骸，或站或臥的出現於禮拜堂的壁龕中。

無垢聖母瑪利亞教堂外觀簡單，裝飾著壁畫和淺浮雕。

羅馬北區：西班牙廣場

方尖碑是廣場上最顯眼的地標，其底座也成為遊客休息的好選擇。

波波洛廣場
Piazza del Popolo

MAP P.69 A1

如何前往

搭地鐵A線於Flamino站下車，步行約1分鐘可達

波波洛廣場是從前朝聖者和旅人由北邊佛拉米尼大道(Via Flaminia)入城的主要入口，教宗思道五世(Sixtus V)將埃及方尖碑搬到廣場後，形成了現今的廣場規模。

波波洛廣場原意為人民廣場，19世紀初由建築師瓦拉迪爾(Giuseppe Valadier)負責整建，他在廣場東西兩側設立噴泉，並建了兩道斜坡連接廣場和平丘(Pincio)山丘。廣場充滿巴洛克與新古典主義的氛圍，附近有三條主要的街道在此會合，最大的一條是柯索大道(Via del Corso)，另外兩條分別是Via del Babuino和Via di Ripetta，廣場中央的方尖碑正好位於三條路的交會處。

1 波波洛之門
Porta del Popolo

波波洛之門在古羅馬時代是城牆上的弗拉米尼亞城門(Porta Flaminia)，如今是弗拉米尼亞大道(Via Flaminia)的起點，也是通往北羅馬的主要幹道，在有火車之前，這裡幾乎就是旅人對羅馬的第一印象，過了這道門，就是波波洛廣場。

4 海神噴泉
Fontana del Nettuno

位於廣場西側，海神手執三叉戟，並由兩隻海豚相伴。

5 羅馬女神噴泉
Fontana del Dea Roma

廣場東側的噴泉中間站立著頭戴頭盔、手執長槍的羅馬女神(Dea Roma)，左右兩側是代表台伯河(Tiber)和阿涅內河(Aniene)的河神，羅馬女神前是母狼哺乳羅穆斯(Romulus)和雷莫(Remus)的雕像。

2 方尖碑
Egyptian obelisk

廣場中心的方尖碑是奧古斯都大帝征服埃及後帶回羅馬的戰利品之一，為著名的法老拉姆西斯二世時代所打造，原本立於大競技場，西元1589年，教宗思道五世(Sixtus V)將方尖碑搬到這裡，由建築師馮塔納(Domenico Fontana)執行這項計畫。

3 方尖碑噴泉
Fontana dell' Obelisco

位於方尖碑下方，四隻迷你的埃及石獅各據四方，立在石階底座上。

6 平丘瞭望台
Monte Pincio

從東側噴泉沿著階梯往上走，就是平丘瞭望台，在古羅馬時代為貴族所有。在這裡可以看到聖彼得大教堂的圓頂、聖天使古堡、維克多艾曼紐二世紀念堂等建築及羅馬全景。

在義大利站著喝咖啡比坐在店內喝便宜,想要在這間名店喝經濟實惠的咖啡,只要到櫃台先買單,再拿著收據到吧台等咖啡即可。

⑦ 奇蹟聖母教堂和聖山聖母教堂
Santa Maria dei Miracoli & Santa Maria di Montesanto

廣場的亮點是17世紀由貝尼尼建造的雙子教堂,兩座幾乎一模一樣的教堂分據柯索大道(Via del Corso)兩旁,從廣場的方向看過去,右手邊是奇蹟聖母教堂(Santa Maria dei Miracoli),另一邊是聖山聖母教堂(Santa Maria di Montesanto),同樣有希臘式柱廊及大圓頂,不過左邊的屋頂為橢圓形,右邊則是圓形。

⑧ 波波洛聖母教堂
Santa Maria del Popolo

波波洛的聖母教堂是建於15世紀的文藝復興風格教堂,它的小祭堂分屬於羅馬各著名家族,因此參與修築設計的建築師與藝術家來頭都不小,其中包括文藝復興時期的山索維諾(Andrea Sansovino)與布拉曼特(Bramante)、羅倫佐蒂(Lorenzetti)和巴洛克大師貝尼尼等人,小禮拜堂(Cappella Chigi)則是拉斐爾設計的。教堂的玫瑰玻璃非常美麗,是法國藝術家Gaillaume de Marcillat的作品,在羅馬是最特別的教堂裝飾。

教堂內的畫作中最值得注意的是卡拉瓦喬(Caravaggio)和平圖利其歐(Pinturicchio)等人的作品。

👁 [MAP P.69 B2] 希臘咖啡館
Antico Caffè Greco

如何前往
搭地鐵A線在Spagna站下,後步行約3分鐘可達
info
⊙Via Condotti 86
☎679-1700 ⊙9:00~21:00
🌐anticocaffegreco.eu

於1760年開張的希臘咖啡館,是最受當代藝術家青睞的聚會場所,包括詩人濟慈與拜倫、大文豪歌德、布朗寧姐妹、王爾德、喬依斯等,連比才(Bizet)、華格納與李斯特等作曲家,也不會錯過這麼一處優雅的咖啡館。

咖啡館今天依然高朋滿座,尤其它位於著名的西班牙廣場旁,大批遊客慕名而來,因此這家當初由希臘人所開的咖啡館,雖然已有兩百多年的歷史,卻毫無龍鍾老態。

現代羅馬交通樞紐，也是出入羅馬的門戶

特米尼火車站
Stazione Termini

不論搭飛機、火車，或者是巴士進入羅馬城，對羅馬的第一印象一定是繁忙熱鬧的特米尼火車站，這裡是市區巴士的總站，地鐵A、B兩線在此交會，是一座結合商店、餐廳，及交通轉運的超級購物商城，周邊街道民宿、旅館和餐廳林立，是自助旅行者最好的落腳地。

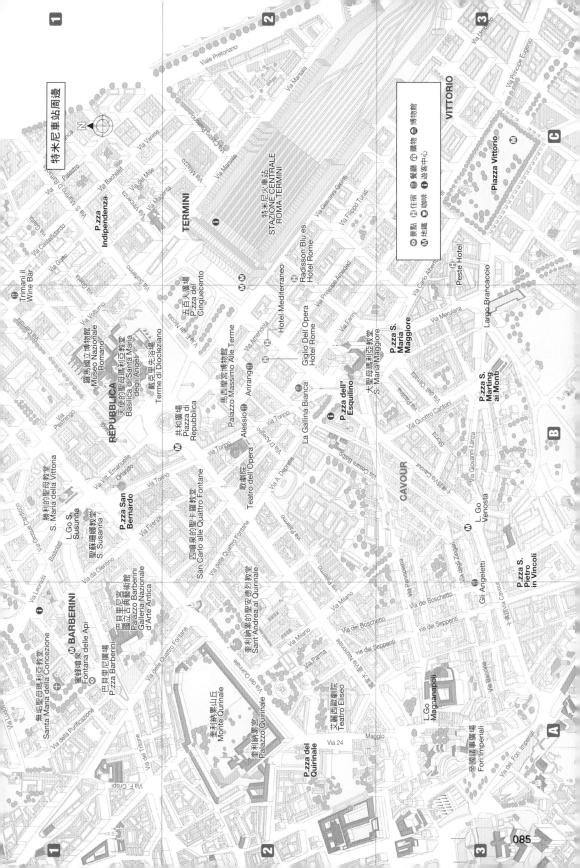

1 **2** **3**

特米尼車站周邊

N

Viale Pretoriano

Via Marsala

TERMINI

特米尼火車站
STAZIONE CENTRALE
ROMA TERMINI

VITTORIO

Piazza Vittorio

● 景點　● 住宿　● 餐廳　● 購物　● 博物館
● 地鐵　● 咖啡　M地鐵　⊕ 遊客中心

C

Peste Hotel

Largo Brancaccio

Radisson Blu es.
Hotel Rome

Trimani il
Wine Bar

P.zza
Indipendenza

Via Volturno

五百人廣場
P.zza del
Cinquecento

Hotel Mediterraneo

羅馬國立博物館
Museo Nazionale
Romano

天使的聖母瑪利亞教堂
Basilica di Santa Maria
degli Angeli

戴克里先浴場
Terme di Diocleziano

Giglio Dell Opera
Hotel Rome

大聖母瑪利亞教堂
S. Maria Maggiore

P.zza S.
Maria
Maggiore

P.zza S.
Martino
ai Monti

REPUBBLICA

共和廣場
Piazza di
Repubblica

馬西摩宮博物館
Palazzo Massimo Alle Terme

Alessio

Arirang

La Gallina Bianca

P.zza dell"
Esquilino

歌劇院
Teatro dell'Opera

勝利的聖母教堂
S. Maria della Vittoria

L. Go S.
Susanna

聖蘇珊娜教堂
S. Susanna

P.zza San
Bernardo

四噴泉的聖卡羅教堂
San Carlo alle Quattro Fontane

CAVOUR

L. Go
Venosta

無垢聖母瑪利亞教堂
Santa Maria della Concezione

蜜蜂噴泉
Fontana delle Api

BARBERINI

巴貝里尼美術館
國立古典藝術館
Galleria Nazionale
d'Arte Antica

巴貝里尼宮
Palazzo Barberini

巴貝里尼廣場
P.zza Barberini

奎利納雷宮的聖安德烈教堂
Sant'Andrea al Quirinale

Gli Angeletti

P.zza S.
Pietro
in Vincoli

L. Go
Magnanapoli

奎利納雷山丘
Monte Quirinale

奎利納雷宮
Palazzo Quirinale

艾麗西歐劇院
Teatro Eliseo

Maggio

P.zza del
Quirinale

Via 24

帝國議事廣場
Fori Imperiali

A

1 **2** **3**

不但有**神奇**的典故，
也有許多**大師**作品的華麗教堂。

18世紀義大利建築師兼畫家帕尼
尼(Giovanni Paolo Pannini)曾留下
不少羅馬建築畫作，包括這幅大聖
母瑪麗亞教堂與廣場。

史弗乍小禮拜堂(Capella
Sforza)是米開朗基羅的
設計，並由波塔(Giacomo
della Porta)接手，在1573
年完成。

特米尼火車站周邊：大聖母瑪利亞教堂

大聖母瑪利亞教堂

✝ MAP
P.85
B2

Basilica di Santa Maria Maggiore

教堂所在的艾斯奎利諾山丘(Esquiline Hill)，也是羅馬七丘之一，山頂原是一大片綠地花園，4世紀時因一
次宗教奇蹟而起建。歷經多次的地震毀損與重建，許多建築天才參與其間，包括米開朗基羅在內。

大聖母瑪麗亞教堂是羅馬四座特級宗座大教堂(Papal major basilica)之一。這座架構龐大的教堂結
合了各種不同的建築風格，可以説是一部活生生的建築史。

Did YOU KnoW

神奇的8月雪

據說西元352年8月聖母瑪麗亞托夢給教宗里貝利歐(Liberius)，請他在下雪的地方建一座教堂，當時是一年之中最熱的盛夏，結果隔天艾斯奎利諾山丘竟然真的下起了雪，於是教宗趕緊命人開始建造教堂，也因此教堂還有另一名稱：白雪的聖母教堂(Santa Maria della Neve)。每年的8月5日都會舉行慶典以紀念那場8月雪。

另外一個說法是，一對有錢卻膝下無子的貴族夫婦夢見聖母顯靈，要他們在這個地點上興建教堂，因而他們將財產全數捐出來建造這座教堂。

造訪大聖母瑪利亞教堂理由

1. 多種建築風格的完美融合
2. 內部精采的裝潢和藝術品
3. 天主教會的4座特級宗座聖殿之一

特米尼火車站周邊：大聖母瑪利亞教堂

怎麼玩大聖母瑪利亞教堂才聰明？

周邊景點

教堂附近有**五百人廣場**、共和廣場、**天使的聖母瑪利亞教堂**等等景點，可以順道參觀。

免費參觀

這座美麗的教堂內有許多值得欣賞的細節，而且還**免費開放**，千萬不要錯過了！

至少預留時間
仔細欣賞教堂建築細節：1小時

搭地鐵A、B線於**Termini**站下車，步行約10分鐘可達

ⓘ

🏠Piazza di Santa Maria Maggiore
🕐7:00~18:45
💲免費
🌐www.vatican.va

跟著大師的腳步，欣賞處處是驚喜的教堂。

本堂

教堂本堂金光燦爛的天花板是15世紀文藝復興的手法，地面用彩石鑲嵌的幾何花紋大理石地板，是中世紀哥斯瑪特(Cosmatesque)式風格，兩側長柱與三道長廊建於西元5世紀，是最原始的部份，之後才陸續擴建。天井雖採用文藝復興風格，但圓頂則是巴洛克式。

馬賽克鑲嵌畫

馬賽克鑲嵌畫的上部以拜占庭手法表現基督為萬物的主宰，被聖母及聖徒簇擁著，此作品中有作者魯肅提(Filippo Rusuti)的落款，這情況在過去的馬賽克作品中相當少見，顯示創作者已從無名角色中大幅提高了地位，落款因而成為新的潮流；而下部的鑲嵌畫則重現當年8月降雪的傳奇。

立面

教堂的立面是傅加(Ferdinando Fuga)於1745年時加上去的，用以保護內層的中世紀藝術品，特別是14世紀的馬賽克鑲嵌畫。

整座教堂裝飾的壁畫精緻無比，
是由各年代不同的傑出藝術家的作品
所組成,其中教堂華麗的天井傳說是用哥倫布從
美洲帶回的第一批黃金所裝潢的,但時間依然對
這些藝術品造成損害。

壁畫

鐘塔

西斯汀禮拜堂
Cappella Sistina

教宗思道五世(Sixtus
V)長眠於右手邊的西斯汀
禮拜堂內,他的陵墓由馮塔納(Domenico
Fontana)設計,對面則是教宗庇護五世
(Pius V)的陵墓,也同樣出自馮塔納之手。

祭壇裡有一座由四位天使扶據著聖體容器的銅
雕。祭壇外,則是貝尼尼(Gianlorenzo Bernini)及
其家族的陵墓。

波各賽禮拜堂
Borghese Chapel

波各賽禮拜堂也就是主祭
壇,裡面供奉著一幅聖母瑪麗
亞的聖像,被稱為Salus Populi Romani,意思是
「拯救羅馬人」,因為過去曾經發生羅馬免於一
場瘟疫的神蹟。這幅聖像已有一千多年歷史,據
信是羅馬最古老的聖母瑪麗亞聖像。

高75公尺的鐘塔,是羅馬最高的鐘塔,重建於
14世紀,仍保持著羅馬中世紀的風格,它的尖頂
則是16世紀加上去的。

基督誕生地窖
Crypt of the Nativity

此基督誕生地窖又名為伯利恆地窖(Bethlehem Crypt)，主要珍藏了一個水晶聖物盒，盒子裡據説是基督誕生於馬槽的一塊木片。此外，這裡也埋葬了聖傑羅姆(Saint Jerome)，他是4世紀時教堂的醫生，他將聖經翻譯成拉丁文。

DID YOU KnoW
史上在位時間最長的教宗

基督誕生地窖裡有一座教宗庇護九世(Pius IX)的雕像，他在西元1846~1878年間擔任羅馬教廷的教宗，在位時間長達31年。他最著名的事蹟就是大去勢，為了導正風氣，他下令移除梵蒂岡內所有男性雕像的生殖器，並且用無花果葉來代替。這個事件是藝術史上的一次浩劫，許多珍貴的作品就這樣被破壞。

DID YOU KnoW
羅馬市內有四座特級宗教聖殿

所謂的特級宗教聖殿代表了重要的宗教地位，由羅馬天主教會親自指定給予頭銜封號，分別是據信建於兩位聖人墓上的梵諦岡「聖彼得大教堂」及「城外聖保羅大殿」，以及羅馬最古老、號稱全世界天主教會母堂的「拉特朗聖若望大殿」，最後被冊封的就是這座雄偉的「大聖母瑪利亞教堂」，因為這是獻給聖母的教堂中建築規模最大的。由於特級宗教聖殿頭銜可不是輕易可獲得的，所以這四座教堂在天主教徒心目中都具有不可動搖的神聖地位！

藝術大師的足跡

史弗乍小禮拜堂(Capella Sforza)是米開朗基羅的設計，並由波塔(Giacomo della Porta)接手，在1573年完成。

除了建築外，教堂也集合了重要藝術家的作品，如岡比歐(Arnolfo di Cambio)、布拉契(P. Bracci)、巴歐尼(Pompeo Batoni)等；而聖卡耶坦(St. Cajetan)抱著聖子的雕像則是貝尼尼的作品，描述聖卡耶坦在一次禱告時，聖子顯靈並爬向他臂膀的景象。

和平柱

位於大聖母瑪麗亞教堂前的和平柱，是和平殿堂(Basilica of Massenzio)僅剩的遺跡，1613至1615年間被教宗Paul V移到現在的位置，以慶祝教宗為大聖母瑪利亞教堂增建的波各賽禮拜堂(Borghese Chapel)落成。

除了將和平柱遷移之外，教宗還命馬德諾(Carlo Maderno)裝飾這件古代建築遺跡。馬德諾在柱頭上安上聖母與聖子的銅像，並在柱基增加一座噴泉以加強氣勢及景觀的平衡性。

羅馬的交通樞紐，
見證新舊建築的完美融合！

 國立羅馬博物館
MAP P.85 B1
Museo Nazionale Romano (Palazzo Massimo Alle Terme)

如何前往

搭地鐵A、B線於Termini站下車，後步行約3分鐘可達

info

📍Largo di Villa Peretti 2　☎689-7091　⏰9:00~18:00(閉館前一小時停止售票)　⚫週一　💲全票€12、優待票€8，此票在購買後一週天內可參觀包括馬西摩宮在內的四個屬於羅馬國立博物館一部分的戴克里先浴場、巴爾比地窖博物館、阿爾坦普斯宮。　🌐www.museonazionaleromano.beniculturali.it　❗每月第一個週日免費入場。巴爾比地窖博物館自2023年1月起進行翻修工程暫停開放。

羅馬國立博物館包括馬西摩宮、戴克里先浴場(Terme di Diocleziano)、阿爾坦普斯宮(Palazzo Altemps)及巴爾比地窖博物館(Crypta Balbi)。

戴克里先浴場的規模據稱是卡拉卡拉浴場的兩倍，最多可同時間容納3000人。

馬西摩宮收藏大量的羅馬及希臘雕刻藝術、鑲嵌畫，以及按歷代執政官分類的古羅馬錢幣等，共三層樓，一、二樓展示西元前2世紀至西元5世紀的雕刻作品。

戴克里先浴場則為羅馬時代最大的浴場，3世紀末，戴克里先皇帝面對羅馬的頹勢，將首都遷至君士坦丁堡，如此一來引發羅馬市民的不滿，為了安撫羅馬人，戴克里先於是興建這座超大公眾浴場。

 共和廣場
MAP P.85 B2
Piazza di Repubblica

如何前往

搭地鐵A線於Repubblica站下車

羅馬特米尼火車站前有一個很大的廣場，這裡是公車總站，又稱為五百人廣場(Piazza dei Cinquecento)，幾乎所有羅馬市公車都會從這裡發車。穿過廣場向前走，不久就會看到共和廣場。

當地人習慣稱呼共和廣場為Piazza Esedra，意思是半圓形廣場，廣場中央是知名的仙女噴泉(Fontana delle Naiadi)，完成於1901年，是相當近代的作品。這個

噴泉中每一座雕像都搭配著不同的水中生物，也具有不同的意義。其中海馬代表海洋、水蛇象徵河流、天鵝意指湖泊、蜥蜴則代表地下水。

廣場在19世紀時經過重新規劃，雖然當時廣場中央的女神噴泉曾引起非議。

MAP P.85 B1

勝利聖母瑪利亞教堂
Chiesa di Santa Maria della Vittoria

如何前往

搭地鐵A線於Repubblica站下車，步行約4分鐘

info

⊕ Via XX Settembre 17

⊖ 9:00~12:00、15:30~18:00

⊕ www.carmelitanicentroitalia.it

　　勝利聖母瑪利亞教堂建於1605年，原先只是一個小禮拜堂，但是在1620年時為了紀念白山戰役的勝利而改建成供奉聖母的教堂。小巧的教堂中，無論是牆壁或天花板都裝飾著滿滿的大理石、天使雕刻和壁畫，金碧輝煌的程度，堪稱羅馬最美的巴洛克式教堂之一。

　　教堂中最著名的是位於主祭壇左側的科爾納羅紅衣主教禮拜堂(Chapel of Cardinal Cornaro)，中央出自貝尼尼設計的《聖泰瑞莎的狂喜》(Estasi di Santa Teresa)，為鎮堂之寶。

Did You Know

狂喜神蹟與曖昧情色的一線之隔！

聖泰瑞莎遭天使刺心的狂喜神情在貝尼尼戲劇性的呈現下眼睛半閉且口唇微張，赤裸的雙足生動地展現了痙攣無力感，搭配上旁邊嘴角含笑表情輕佻的天使，怎麼看都有種暗示性愛快感的錯覺，所以當雕塑完成時被眾人斥責是褻瀆聖女與教會，但生性自傲狂妄的貝尼尼非常犀利的回應：「純潔的人自然可以看到純潔之處」，簡單地讓批評的人閉上嘴！

《聖泰瑞莎的狂喜》表現聖泰瑞莎遭天使持金箭刺穿心臟時，陷入狂喜與巨痛時的神態，展現出戲劇般的效果。

位於主殿拱頂的巨幅濕壁畫《戰勝異端的聖母》，由賽瑞尼(Gian Domenico Cerrini)繪製於1675年，描繪勝利歡欣鼓舞的主題。

教堂入口保留了戴克里先浴場的紅磚外牆。

支撐本堂天井的紅花崗岩柱是原浴場之物，高近91公尺。

聖彼得禮拜堂(The Chapel of St. Peter)的正立面出自凡維特里之手。

前廳和布魯諾禮拜堂入口也是由凡維特里更改米開朗基羅的設計而成。

✝ MAP P.85 B1 天使的聖母瑪利亞教堂
Santa Maria degli Angeli e dei Martiri

如何前往

搭地鐵A線於Repubblica站下車

info

🏠Via Cernaia 9　☎488-0812

🕐10:00~13:00、16:00~19:00

🌐www.santamariadegliangeliroma.it

　　教堂原址是戴克里先浴場(Terme di Diocleziano)，16世紀時，教宗庇護四世(Pius IV)下令在此興建一座教堂，據說是一名西西里的教士看見浴場遺址上有天使顯靈之故。

　　接下修建工作的是米開朗基羅，可惜他死之前並未看到教堂完工，最後由他的學生杜卡(Jacopo Lo Duca)完成，但已和米開朗基羅的規畫已有些許出入。1749年經凡維特里(Luigi Vanvitelli)重新整修成現在的模樣。

🚂 MAP P.85 C2 特米尼火車站
Stazione Termini

如何前往

地鐵A、B線交會的Termini站

　　不論搭飛機、火車，或者是巴士進入羅馬城，對羅馬的第一印象一定是繁忙熱鬧的特米尼火車站，這裏是市區巴士的總站，地鐵A、B兩線在此交會。

　　特米尼(Termini)這個名稱取自戴克里先浴場(Terme di Diocleziano)的「浴場」拉丁文諧音。最早於1863年由教宗庇護九世(Pius IX)下令建造，之後和墨索里尼(Mussolini)打掉了舊車站打算重建現代化車站，歷經二次世界大戰及法西斯政

車站同時也是一座結合商店、餐廳，及交通轉運的超級購物商城，周邊街道民宿、旅館和餐廳林立，是自助旅行者最好的落腳地。

府垮台，車站蓋蓋停停，漸漸發展至今天的規模。火車站多達32個月台，每年旅客多達1億8千萬人次，是歐洲最繁忙的火車站之一。

走進這裡，你的旅行地圖就多了一個國家

梵諦岡
Vaticano

梵 諦岡只有0.44平方公里、人口約800多人，不論從面積還是人口計算，都是世界上最小的主權國家。不過它在全世界卻擁有好幾億的信仰人口，具體表現出上帝在俗世的統治權。梵諦岡擁有屬於自己的廣播媒體，還發行郵票、貨幣和報紙，更是一個獨立的政權，也是天主教世界的首都。

梵諦岡是西元1929年根據拉特蘭條約(Lateran Treaty)所建立的，由教宗庇護11世(Pius XI)和墨索里尼(Mussolini)共同簽訂，除了現在梵諦岡城牆涵蓋的範圍，羅馬教廷(Holy See)還管轄了羅馬境內及周邊28個地點，包括拉特拉諾的聖喬凡尼教堂(San Giovanni in Laterano)、大聖母瑪利亞教堂(Santa Maria Maggiore)等。

梵諦岡雖小，然而聖彼得大教堂與廣場、梵諦岡博物館、聖天使古堡這些一級景點，遊客即使耗上一整天都看不盡。

095

天主教的聖地，
全世界最大的教堂。

王牌景點 7

梵諦岡：聖彼得大教堂

✝ MAP
P.95
A2

聖彼得大教堂
Basilica di San Pietro

舊的聖彼得大教堂由君士坦丁大帝建於4世紀，一直到16世紀初教廷才決定重建，長達176年的重建過程中，幾位在建築或藝術史上留下名號的大師都曾參與教堂的興建，包括布拉曼特(Donato Bramante)、羅塞利諾(Rossellino)、山格羅(Antonio da Sangallo)、拉斐爾、米開朗基羅、貝尼尼、巴洛米尼(Borromini)、卡羅馬德諾(Maderno)、波塔(Giacomo della Porta)、馮塔納(Demenico Fontana)等，可以說集合了眾多建築天才的風格於一體，在宗教的神聖性外，它的藝術價值也相當具有看頭。

至少預留時間
參觀教堂：1小時
登上圓頂：1~2小時

搭地鐵A線於Ottaviano
San Pietro站下車，步行約
10分鐘可達。

ℹ️

🏛Piazza San Pietro 🌐www.vatican.va
🕐4~9月7:00~19:00、10~3月7:00~18:30；登圓頂
4~9月7:30~18:00、10~3月7:30~17:00
💶教堂免費，搭電梯登圓頂€10、徒步登圓頂€8。搭電梯後，仍須再爬320層階梯，徒步登圓頂則總共需爬551層階梯
❗注意服裝不得暴露，不得穿露肩及迷你裙

造訪聖彼得大教堂理由

1. 天主教的聖地，全世界最大的教堂。
2. 藝術的瑰寶，集合眾多大師的建築傑作。
3. 登上大圓頂，俯瞰市景的最佳地點。

登上圓頂

聖彼得大教堂得圓頂高約140公尺，視野良好，可以**欣賞整個羅馬的市景**。此外選擇先登頂再逛教堂能省下不少排隊時間，因為許多遊客是只參觀不登頂。

想親眼見到教宗嗎？

如果教宗沒有出訪，一般而言，你一個星期有兩次的機會見到教宗。其中機率較大的是每週日的中午，教宗會在此主持週日祈禱，聖彼得廣場上擠滿了群眾，除了廣場上的巨大液晶螢幕之外，你可以望向廣場右側建築最上層，右側數來第二個窗戶，教宗會在此向群眾揮手致意。

另一個機會就是每週三10:00的教宗親身會見，你可以事先上網申請(www.vatican.va/various/prefettura/index_en.html)，也可以在前一天(週二)的9:00~19:00在教堂右側銅門前向禁衛軍取號碼牌。但機會相對小。

節省排隊時間

教堂是免費參觀，又是熱門景點，因此**隨時都需要排隊**，少則半小時，多則2小時都有可能。因此**越早到越好**，不怕早起的人可以在教堂開門前就到，不但不需要排很久，甚至有機會成為當天最早進場的遊客，拍到完全沒人的教堂！

進場前要先通過安檢。

瑞士衛兵團 Pontifical Swiss Guard

在梵諦岡到處都可以看到穿著黃、藍、紅三色條紋制服的衛兵，他們就是大名鼎鼎的瑞士衛兵團，是現存歷史最悠久的軍事組織，從16世紀成立以來就負責教廷和教宗的維安工作，500年來盡忠職守的表現替他們贏得了教廷絕對忠誠的評價。

他們身上的制服更是焦點，充滿文藝復興風格的復古設計相傳是出自米開朗基羅之手，不過事實上是20世紀初重新設計制服時，設計師參考了米開朗基羅在壁畫中對瑞士衛兵團的描述而已。

最佳拍照時間

想要拍到漂亮的聖彼得教堂和廣場，最佳時間就是早上，中午過後就會開始逆光。相反的登上教堂圓頂的最佳時間就是下午了。

聖彼得大教堂是目前
全世界最大的一座教
堂，據說可以容納超
過6萬人。

◗ 建築大師與聖彼得教堂

聖彼得教堂長達一百多年的建築過程中，多位在建築或藝術史上留下名號的大師都曾參與教堂的興建，可以
說集合了眾多建築天才的風格於一體，在宗教的神聖性外，它的藝術價值也相當具有看頭。

	建築大師	年代	代表作
1	布拉曼特 (Donato Bramante)	1444-1514	教堂結構設計與破土 (希臘十字架結構與大圓頂)
2	拉斐爾 (Raphael)	1483-1520	部分設計與興建 (拉丁十字架結構)
3	山格羅 (Antonio da Sangallo)	1484-1546	部分設計與興建 (結構與大圓頂)
4	米開朗基羅 (Michelangelo)	1475-1564	部分設計與興建 (結構與大圓頂)、聖殤像
5	維尼奧拉(Giacomo Barozzi da Vignola)	1507-1573	執行米開朗基羅的設計並 完成兩座小圓頂
6	波塔 (Giacomo della Porta)	1532-1602	執行並完成米開朗基羅設 計的大圓頂
7	多明尼哥·馮塔納 (Domenico Fontana)	1543-1607	完成大圓頂、廣場整建及廣 場噴泉
8	卡羅·馬德諾 (Carlo Maderno)	1556-1629	教堂的立面、廣場噴泉
9	貝尼尼 (Gian Lorenzo Bernini)	1598-1680	貝尼尼柱廊、聖體傘、教宗 亞歷山大七世墓、

文藝復興大師們的傑作，
在離上帝最近的地方。

聖彼得教堂是全世界最大的教堂，整棟建築呈現出拉丁十字架的結構，造型傳統而神聖，內部可以說是金碧輝煌、華麗至極，無論就天國或俗世的角度來看，它都是最偉大的建築傑作。

大圓頂

梵諦岡：聖彼得大教堂

聖彼得大教堂最引人注意的是大圓頂，圓頂的直徑是42公尺，垂直高度約140公尺，設計者是米開朗基羅，但實際完成的是馮塔納和波塔，也正是這個圓頂，聖彼得大教堂更穩固了它列名世界偉大建築之一的地位。米開朗基羅接手大教堂的裝修工程時已經72歲，雖然在完工前他就過世了，但世人還是把外形美麗、結構完整的圓頂的榮耀全歸於他；接手米開朗基羅工作的是馬德諾，現今聖彼得大教堂的立面就是他在西元1614年完成的。

Did YOU KnoW

穹頂鑲嵌的文字是什麼意思？

仔細觀察聖彼得大教堂最著名的圓頂，在穹頂壁緣處有著以馬賽克拼貼的一圈拉丁文字，正是《馬太福音》中耶穌說過的話：「TV ES PETRVS ET SVPER HANC PETRAM AEDIFICABO ECCLESIAM MEAM. TIBI DABO CLAVES REGNI CAELORVM」，意即「你是彼得(磐石)，我要在此磐石上建立我的教會，並將天國之鑰交給你」。

《聖殤》 **Pietà** 米開朗基羅著名的《聖殤》就位於聖殤禮拜堂中。《聖殤》表現了當基督從十字架上被卸下時，哀傷的聖母抱著基督的畫面，悲傷不是米開朗基羅的主題，聖母的堅強才是，也是這件作品的不朽之處。米開朗基羅創作這件作品時才22歲，他還在聖母的衣帶上簽名，這是米開朗基羅唯一一件親筆落款的作品。在梵諦岡博物館內也有一件複製品。

聖體傘 **Baldacchino** 造型華麗的聖體傘位於祭壇最中心的位置，建於1624年，覆蓋著聖彼得墓穴的上方，四根高達20公尺的螺旋形柱子，頂著一個精工雕琢的頂蓬，總重3萬7千公斤，是全世界最大的銅鑄物，大師貝尼尼運用巴洛克式極其誇張和奢華的設計，將此聖體傘雕琢出無比耀眼的光芒，而貝尼尼製作聖體傘時才25歲，至於建材則拆自萬神殿的前廊。

「聖殤」遇襲事件

這件作品是大教堂內唯一用防彈玻璃圍起來的作品，原來是因為1972年有一個瘋狂的匈牙利男子突然衝到雕像前高喊自己是耶穌基督，並使用鐵槌猛力敲砸雕像，造成聖母左臂斷裂，鼻子和左眼也被損壞，事後團隊足足花了3年時間才將此座雕像修復完成，據說當時的教宗保羅六世也在案發後親自視察現場並跪下祈禱，稱此為「嚴重的精神創傷」。

主祭壇的聖彼得座椅

主祭壇上是聖彼得的座椅，原本的遺物是木製的座椅，經過貝尼尼之手的加工，由青銅和黃金所裝飾，顯示出足以匹配聖彼得地位的尊貴。

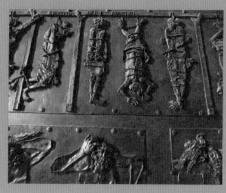

聖彼得大教堂的洗禮堂內,不但有基督受洗的馬賽克鑲嵌畫,還有一尊歷史久遠的聖彼得雕像,雕像的一隻腳是銀色的,是數世紀來被教徒親吻及觸摸的關係。雕像由13世紀的雕刻師岡比歐所打造(Arnolfo di Cambio, 1240-1300)。

洗禮堂
Baptistry

聖門
Porta Santa

教堂正面5扇門中,最右邊的聖門每25年才會打開一次,上一次是西元兩千年,下一次是2025年;而中間的銅門則是15世紀的作品,上面的浮雕都是聖經人物及故事,包括基督與聖母、聖彼得和聖保羅殉教等。

梵諦岡:聖彼得大教堂

聖彼得大教堂不僅是一座富麗堂皇值得參觀的建築聖殿，它所擁有多達數百件的藝術瑰寶，更被視為無價的資產。為了長久保存這些藝術品，原本掛在教堂內的畫作，都被馬賽克化，包括這幅拉斐爾著名的《基督的變容》，畫作則移到梵諦岡美術館。

《基督的變容》

教宗
亞歷山大
七世墓

在洗禮堂外、通往左翼的通路上有一座造型特殊的紀念碑，這是教宗亞歷山大七世墓，出於貝尼尼的設計。在教宗雕像的下方有一片暗紅色的大理石雕出的祭毯，幾可亂真；還有象徵真理、正義、仁慈和智慧的四座雕像，以及作勢要衝出祭毯的骷髏。

教宗
克勉十三世
紀念碑

在教堂左翼最受人注目的便是教宗克勉十三世(Clement XIII)紀念碑，為新古典風格的雕刻家卡諾瓦(Canova)所做，教宗呈祈禱跪姿，兩頭獅子馴服地伏於紀念碑的階梯上，左側雕像為宗教，右側代表死亡。

延伸行程
向外敞開的雙臂，擁抱來自全世界的朝聖者。

進入聖彼得教堂之前，教堂右側有一尊手持寶劍的雕像，那是聖保羅像，因為他當年是被劍斬首而殉教。

面對教堂左側手持一把鑰匙的雕像是聖彼得像，他手中拿的是耶穌託付他的天堂之鑰。

尋找貝尼尼傳說

貝尼尼柱廊分成4列，共有284根柱子，但站在不同角度會有不同的結果。不妨在廣場左右兩側各找出一塊嵌在地上的圓石，站在上頭往兩側柱廊望去，此時柱子就會變成一排，而這兩塊圓石就是所謂的貝尼尼傳說。

聖彼得廣場
Piazza San Pietro

MAP P.85 A2

如何前往

搭地鐵A線於Ottaviano San Pietro站下車，步行約10分鐘可達

聖彼得廣場昭示著最輝煌的17世紀巴洛克時代，那時的建築被要求必須彰顯天父的偉大和敬畏宗教的無上神聖，貝尼尼確實辦到了教皇的要求，美麗而經過仔細計算安排的多利克柱式柱廊，從聖彼得大教堂左右兩翼延伸而出，貝尼尼形容它有如「母親的雙臂」，導引著全世界的信徒進入這宏偉的廣場，通往神聖的聖彼得大教堂。就這樣，聖彼得廣場成為全羅馬最重要也最著名的廣場，更是世界上最大的公眾集合場所。

1　貝尼尼柱廊

從空中看，聖彼得廣場有如一個巨型的鑰匙孔，長軸達240公尺，貝尼尼以立柱為半圓型門廊，柱廊共分四列，使進入教堂的前進空間自然地分成三條通道，中間通道大於左右兩側，柱頭則裝飾著140位聖人的雕像，以及庇護教皇亞歷山大七世(Alexander VII)的徽章。

身為國民怎能錯過中華民國駐教廷大使館！

從聖彼得廣場走往聖天使橋的路上，在這條寬敞大道一眼就可以看到熟悉的青天白日滿地紅國旗在飄揚，由於梵諦岡是我國在歐洲唯一的邦交國，這裡也是我們在歐洲僅有的一座大使館，所以許多人也將此地當作一個觀光景點，要來跟大方用中文寫著「中華民國駐教廷大使館」的門口招牌拍張紀念照呢！

② 埃及方尖碑

廣場的中央由一根高37公尺的埃及方尖碑和兩座噴泉構成視覺的中心點，這裡也正是橢圓形廣場兩軸的交會點，站在這裡觀賞兩邊的柱廊，會產生似乎只有一列的錯覺。

這座方尖碑也是所有位於羅馬的方尖碑中，唯一在中世紀時未曾倒下的；廣場從中世紀起經過不同階段的改建、復建，方尖碑曾被移到聖彼得大教堂旁，而非廣場中心點，直到1586年，建築師馮塔納整建廣場時，才把它移回中心位置。

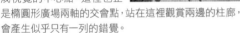

Did YOU KnoW

方尖碑竟然是來自異教的文物！

方尖碑是由羅馬皇帝卡利古拉(Gaius Caligula)從埃及古都赫利奧波利斯(Heliopolis)帶回羅馬的，原本擺在尼祿皇帝的競技場中，當作馬車競賽時的折返點，尼祿皇帝的競技場的位置，就是現在聖彼得大教堂的所在地。這根方尖碑是古埃及人崇拜太陽神的象徵，對於基督教來說埃及的多神信仰是異教，因此在天主教的聖地出現這麼顯著的異教文物，其實是很奇特的現象。許多其他的基督教教派一直以來對此都十分不滿。

③ 噴泉

馮塔納同時也是兩座噴泉之一的設計者，另一座則是馬德諾所做。噴泉水引自羅馬市郊，由引水道引至廣場，原本廣場上只有一座由馬德諾設計的噴泉(方尖碑右邊)，但貝尼尼增加廣場兩邊的柱廊後，必須再增加一座以達到平衡和對稱，馮塔納於是多設計一座噴泉，使兩座噴泉和方尖碑結合成一體，而且新噴泉仿舊噴泉的形式，雕刻教宗伸出的雙臂，馬德諾的噴泉是教宗保祿五世(Paul V)的雙臂，馮塔納的新噴泉則是克勉十世(Clement X)的雙臂。

聖天使堡
Castello di Sant'Angelo

如何前往

搭地鐵A線於Lepanto站下車,後步行約15分鐘可達

info

⊕Lungotevere Castello 50 ☎681-9111 ⊙
9:00~19:30,售票到18:30 ⊗週一 ⊜全票
€12、優待票€2(網站購票需另加收€1手續費)
⊕castelsantangelo.beniculturali.it ⊕每月
第一個週日免費入場。

　　聖天使堡最早建於西元139年,原作為哈德良皇帝的陵墓,而後在中世紀時又演變為城堡、監獄,也曾當作教皇的官邸之用,現在則是擁有58個房間的博物館。展示防衛武器及城堡歷史上重要的文件。堡內的各個房間,從教皇的寓所到監獄都開放參觀。

　　城堡的中庭曾經是軍火彈藥庫,現在則是以成堆的石頭砲彈來裝飾。裡頭的寶藏室據稱就是哈德良皇帝最原始的埋葬

教宗的祕密通道

由於這裡曾是教皇的庇護地,也曾軟禁過教皇,西元1277年時為強化城堡的防禦功能,在城堡和梵諦岡之間還修建了一條秘密通道,穿越了整個聖彼得廣場,以便教皇安全地往來聖天使堡和梵諦岡之間。

室,而這裡一直保存著哈德良至卡拉卡拉為止的皇帝遺體。

　　從聖天使堡的露台往外望,一邊是羅馬街景,一邊是聖彼得大教堂的圓頂,視野極佳,而這裡也是普契尼歌劇《托斯卡》的舞台。

聖天使堡的頂端,因為有一座巨大的天使銅雕而得名。

聖天使橋被喻為台伯河上最美麗的一座橋,橋上有兩列天使雕像,為貝尼尼及其學生的作品,不過目前立在石橋上的為複製品。

哈德良皇帝將陵墓的位置選在台伯河的右岸,主要是為和阿格里帕皇帝在左岸的陵墓相對,二者以聖天使橋相連。

王牌景點 8

從古羅馬文物
到文藝復興的經典作品，
逛一整天都逛不完的
梵諦岡博物館！

梵諦岡：梵諦岡博物館

梵諦岡博物館
MAP
P.95
A2
Musei Vaticani

　　14世紀教廷從法國亞維儂遷回羅馬後，這裡就是教宗住所，直到16世紀初期，教宗儒略二世(Julius II)將之改造成博物館，裡面有各自獨立的美術館、陳列室、中庭和禮拜堂，共有54個展間。

　　博物館內所收藏的珍貴瑰寶，主要來自歷代教宗的費心收集，不但擁有早期基督教世界的珍貴寶物，還收藏了西元前20世紀的埃及古物、希臘羅馬的重要藝術品、中古世紀的藝術作品、文藝復興時期及現代宗教的藝術珍品。

造訪梵諦岡博物館理由

1 梵蒂岡的唯二必訪景點

2 全世界最受歡迎的博物館之一

3 收藏許多藝術大師的傑作,包括米開朗基羅的《創世紀》。

至少預留時間
挑重點展件參觀:1~2小時
仔細參觀全館:3~5小時

搭地鐵A線於Cipro Musei Vaticani
或Ottaviano San Pietro站下車,
後步行各約10分鐘可達

🏛Viale Vaticano　🌐www.museivaticani.va
🕐週一至週六9:00~18:00;5~10月週五開放至22:30,週六開放至20:00(最後入場為關閉前2小時)。每個月最後一個週日9:00~14:00(最後入場12:30)。每年開放時間不同,請上網查詢最新資訊。
🚫週日(每月最後一個週日例外)、1/1、1/6、2/11、復活節、6/29、8/15、11/1、12/8、12/25、12/26及其他義大利國定假日,休館日每年有部分異動,請上網查詢最新資訊。
💶全票€17、半票€8,每個月最後一個週日免費
❗禁止穿著暴露,如露背裝、短褲等、喧嘩;西斯汀禮拜堂內不得拍照,如果能隨身帶著望遠鏡,壁畫可以看得更清楚。參觀人潮很多,再加上館內有非常多展場及展品,建議提早在開館前就去排隊。

**怎麼玩
梵諦岡博物館才聰明?**

線上預約

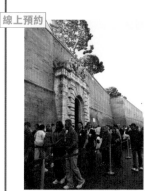

線上訂票雖然要多付**€5的預訂費**,但是可以不用排隊。梵蒂岡博物館是出名的排隊重災區。

直通聖彼得教堂的出口

從西斯汀禮拜堂出來的右手邊離開博物館,可以直接通往聖彼得教堂,而且還不用再排隊和安檢,超級省時方便!

確認參觀動線

西斯汀禮拜堂是參觀動線上的最後一站,離開後就只能通向出口,無法回頭參觀,所以參觀前規劃好動線很重要;可事先到官網下載地圖或是至售票處索取免費地圖。

博物館4.3公頃的面積，主要由梵諦岡宮(Vatican Palace)和貝爾維德雷宮(Belvedere Palace)兩座宮殿構成。

各個展館間以走廊、階梯或是坡道連結，展間路線長達7公里

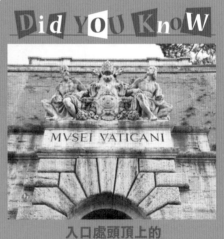

Did YOU KnoW

MVSEI VATICANI

入口處頭頂上的
拉斐爾及米開朗基羅

在博物館入口處上方的兩座人物雕像，正是拿著雕刻刀的米開朗基羅與手持畫筆調色盤的拉斐爾，身為文藝復興三傑的兩位大師奉獻了近10年的光陰在這座博物館，這些珍貴的作品使得梵諦岡博物館成為世界上最偉大的博物館之一，所以在館前入口即以這兩位藝術大師的雕像對他們獻上崇高的敬意！

54個展間、超過上萬件珍貴文物，讓人捨不得走的藝術最高殿堂。

 皮歐克里門提諾博物館
Museo Pio Clementino

收藏希臘羅馬藝術的皮歐克里門提諾博物館坐落在貝爾維德雷宮，以雕刻作品為主，最好的作品幾乎都集中在八角庭院(Cortile Ottagono)。

Did YOU Know

勞孔右臂曾經是伸展向上的？！

當初發現這座雕像時，勞孔與兩個兒子的右臂都是殘缺的，勞孔缺失了的右臂究竟是呈現向上伸展或是反折的姿勢？藝術家們為此爭論不休，米開朗基羅認為反折的動作更能展現痛苦，但多數人則覺得向上延伸顯得更有英雄氣概，最後拉斐爾選擇了安裝延展向上的手臂，然而1957年發現了缺失的勞孔右臂，正如米開朗基羅所想的呈現反折姿勢，後來不僅這條右臂重新安裝到雕像上，同時拆除了兩個兒子修復的手臂，有趣的是，至今很多複製品都還保留著手臂伸展的姿勢呢！

 《勞孔與他的兒子》
Laocoon cum filiis

這座在希臘羅德島的1世紀雕刻作品，直到1506年才被發現，描繪特洛伊祭司勞孔因說服特洛伊人不要將在尤里西斯附近海邊的木馬帶進城，而被女神雅典娜從海裡帶來的兩隻大毒蛇纏繞至死的模樣，兩旁雕像則是他的兒子。強而有力的肌肉線條及清楚的人體結構，影響了不少文藝復興時期的藝術家，尤其是米開朗基羅。

2 《貝爾維德雷宮的阿波羅》
Apollo Belvedere

這座2世紀的雕刻，是羅馬複製自西元前4世紀的希臘銅雕，雕像中的太陽神阿波羅正看他射出去的箭。雕像被發現時，左手及右臂都遺失了，才於1532年由米開朗基羅的學生蒙特爾梭利(Giovanni Angelo Montorsoli)加上。

3 《貝爾維德雷宮的殘缺軀幹》
Torso Belvedere

雕刻師的名字以希臘文寫在中間的石頭上，是少數寫上希臘文的成品，強而有力及完美體態所呈現出極具力量的肌肉，就坐在鋪著獸皮的石頭上。這個殘缺的塑像，深深吸引著米開朗基羅，還拒絕為它加上頭部及四肢。米開朗基羅雖然決定不要改變這座雕像，不過他還是在西斯汀禮拜堂繪製了雕像的完整形態。

基拉蒙提博物館
Museo Chiaramonti

坐落在貝爾維德雷宮東側低樓層，沿著長長的廊道牆壁，陳列了希臘羅馬神祇、羅馬帝國歷任皇帝胸像、前基督教時期的祭壇，到石棺等數千件雕刻作品。基拉蒙提博物館在19世紀初時曾經經歷了一番波折，館藏被拿破崙運往法國，後來他戰敗後這些館藏才陸續回到基拉蒙提博物館。

Did YOU KnoW

希臘眾神也要跳腳的「無花果葉事件」！

你是否有發現長廊裡的希臘神祇雕像好像哪裡不太自然？仔細一看這些雕像的男性生殖器部位都頗為尷尬的以無花果葉遮掩，原來在19世紀時，保守的教宗庇護九世(Pius IX)以裸體雕像會對參觀者造成不良影響為由，下令將幾乎所有的裸體男性雕像生殖器官去勢敲掉，並在此敏感處以無花果葉遮掩(引自聖經中提到亞當夏娃吃了禁果之後害羞地用無花果葉遮掩)，史稱「無花果葉事件(Fig-Leaf Campaign)」，使得文藝復興時期的許多精美藝術品產生不可回復的損壞，十分可惜！

來自古埃及首都底比斯墓場的祭司棺木，棺木中的木乃伊被包在亞麻布製的裹屍布內，身體保存仍非常完整，能清楚地看出他的長相。

埃及博物館
Museo Egizio

　　埃及博物館的埃及收藏品，主要來自19、20世紀從埃及出土的一些古文物，以及羅馬帝國時代帶回羅馬的一些雕像。此外，還有一些從哈德良別墅移過來的埃及藝術仿製品，以及羅馬時代神殿裡供奉的埃及神像，例如伊希斯神(Isis)和塞拉皮斯神(Serapis)。

　　館內的埃及收藏品雖然不多，但精采而珍貴，類型包括西元前10世紀的木乃伊以及陪葬物，西元前21世紀埃及古墓出土的彩色浮雕，以及西元前8世紀的宮殿裝飾品等。

松果庭院
Cortile della Pigna

　　這個庭院是博物館內的觀景中庭，原本是貝爾維德雷宮的一部分，後來改建成為連接諾森八世宮殿和西斯汀禮拜堂的開放式空間，並陸續增建了牆壁和壁龕。名字的由來是庭院內的松果噴泉(Fontana della Pigna)，這座噴泉的特色就是巨大的青銅松果，和兩旁的青銅孔雀。

廣場中央有一顆金色的巨大同心球，象徵著地球的和平和融合。

地圖畫廊
Galleria delle Carte Geografiche

　　長120公尺、寬6公尺的地圖畫廊中，繪製著40張天主教領地及義大利的地圖，這些地圖都是由地圖繪製家丹提(Ignazio Danti)耗時數年時間，在牆上以壁畫形式完成，色彩鮮豔且立體，走過畫廊就像是遊歷整個義大利半島一樣。此外走廊上的拱頂壁畫也都十分精美。

繪畫館由於不在博物館的主要動線上，經常會被遊客忽略，然而所收藏的15至19世紀畫作，不乏大師之作，尤其是文藝復興時代的作品。包括提香(Tiziano)、卡拉瓦喬(Caravaggio)、安潔利珂(Fra Angelico)、利比(Filippo Lippi)、貝魯吉諾(Perugino)、凡戴克(Van Dyck)、普桑(Poussin)，及達文西等。

1 《史特法尼斯基三聯畫》(Stefaneschi Triptych)，喬托

喬托將拜占庭僵化的藝術，轉變成古羅馬畫風的自然主義風格，這幅畫就是典型的代表，畫框中金色背景是拜占庭式，而運用透視法讓祭壇的寶座與地板清楚可辨，以及人物的表現方法就屬義大利式。

2 《卸下聖體》(The Deposition)，卡拉瓦喬

卡拉瓦喬擅長運用明暗、光線及陰影呈現戲劇性的畫風，在這裡清楚可見，畫中耶穌的形態是具有張力，他的手臂擦過墓石，呈現出彷彿要走出畫中並進入到觀畫者的空間感，讓人感覺進入畫中並參與畫中發生的情景。

③ 《基督的變容》(The Transfiguration)，拉斐爾

這是拉斐爾最知名的作品之一，可惜他死於1520年，未能來得及完成這副作品，後來是由他的學生完成。這幅畫可分為上下兩部分，上半部可見基督和祂的使徒，下半部則是一個被惡魔附身而使臉孔及身體變得扭曲的小孩，他的父母及親友正在請求耶穌和使徒幫忙，而使徒的手正指向耶穌。

④ 《聖傑羅姆》(Saint Jerome)，達文西

這個未完成的畫作是由達文西所繪，單色調的畫法敘述聖傑羅姆(他將聖經翻譯成拉丁文)拿石塊搥胸口，以示懺悔。由於這幅畫作未完成，我們得以看出達文西完美的解剖技巧，畫中聖人凹陷的雙頰及雙眼，讓人深刻感受到這位苦行者的痛苦及憔悴。畫作被發現時已經分成上下兩部分，如今是修復後的模樣。

⑤ 《天使報喜》Annunciation，拉斐爾

這是一幅典型的文藝復興宗教畫，莊嚴的構圖中藏著許多有宗教象徵的符號。庭院被柱子分成左右對稱的兩半，左邊是天使加百列拿著象徵貞潔的白色百合花，還有在遠處觀看的上帝；右邊是聖母瑪麗亞和象徵著聖靈和聖子的飛鳥。

拉斐爾廳
Stanze di Raffaello

拉斐爾廳原本是教宗儒略二世(Julius II)私人寓所，1508年，拉斐爾帶著他的學生重新設計這四個大廳，牆上的壁畫是最重要的作品。雖然當中有些出自拉斐爾學生之手，但整體設計確實來自拉斐爾。這項工作進行了16年之久，拉斐爾在完工前已去世(1520年)，由他的學生接手，於1524年落成。

拉斐爾廳一共有四個廳室，依參觀動線，分別是君士坦丁廳(Sala di Constantino)、赫利奧多羅斯室(Stanza d'Eliodoro)、簽署室(Stanza della Segnatura)、波哥的大火室(Stanza dell' Incendio di Borgo)。

1 君士坦丁廳
Sala di Constantino

這是四個廳室中最大的廳，四面牆壁分別繪製了《十字架的出現》、《米爾維安橋之戰》、《君士坦丁大帝的洗禮》、《羅馬的捐贈》。內容主要描繪因為有米爾維安橋這場關鍵戰役，基督教才被羅馬帝國承認。

2 赫利奧多羅斯室
Stanza d'Eliodoro

這廳室的內容主要探討上帝如何保衛宗教正統這個主題，四面壁畫分別為《赫利奧多羅斯被逐出神殿》、《聖彼得被救出獄》、《教宗利奧會見阿提拉》、《波爾賽納的彌撒》。

《雅典學院》Scuola di Atene

在《雅典學院》這幅畫作中，拉斐爾的知性透過色彩和柔和的構圖表現無遺，也反映出拉斐爾對文藝復興時期宗教和哲學的理想。畫作中央是希臘哲人柏拉圖與亞里斯多德，手指向天空的那位就是柏拉圖，右邊張開雙手的是亞里斯多德。在他們的左邊，著深綠色衣服、轉身與人辯論的是蘇格拉底。其餘出現在這幅畫的歷史名人還包括亞里斯多德、阿基米德、伊比鳩魯、畢達哥拉斯等人。拉斐爾也將自己化身成雅典學院的一員，右下角第二位就是他自己。

拉斐爾還在畫作中央的下方，畫上他仰慕的米開朗基羅，他就坐在階梯上，左手撐頭，右手執筆。

③ 簽署室
Stanza della Segnatura

這裡原本是教宗的書房、簽署文件的地方，也是拉斐爾首次彩繪之處，四座廳室中，以這間的壁畫最為精彩。壁畫內容主要探討神學、詩歌、哲學和正義等主題，其中又以拉斐爾第一幅在羅馬完成的溼壁畫《聖禮的辯論》和探討宗教和哲學的《雅典學院》為傳世巨作。

④ 波哥的大火室
Stanza dell'Incendio di Borgo

波哥的大火是描述9世紀時，教宗利奧四世(Leo IV)在波哥地區發生的事件。繪畫工程幾乎全由拉斐爾的學生所完成。畫作背景是4世紀時，由君士坦丁大帝下令建造的梵諦岡大教堂。其餘三幅畫的主題為《查里曼大帝的加冕》、《利奧三世的誓言》及《奧斯提亞之戰》。

西斯汀禮拜堂
The Sistine Chapel

梵諦岡博物館每天平均進館遊客達25000人次，不論你選擇什麼參觀路線，人潮一定會在這最後的高潮交會，爭睹米開朗基羅的曠世巨作《創世紀》與《最後的審判》。

西斯汀禮拜堂是紅衣主教團舉行教宗選舉及教宗進行宗教儀式的場所，原建於1475至1478年間，以教宗西斯都四世(Sixtus IV)命名。

早在米開朗基羅作畫之前，貝魯吉諾(Perugino)、波提且利(Botticelli)、羅塞里(Cosimo Rosselli)、吉蘭吉歐(Domenico Ghirlandaio)等15世紀畫壇精英，已經在長牆面留下一系列聖經故事的畫作。

西斯汀禮拜堂參觀守則

西斯汀禮拜堂的珍貴藝術價值吸引全球無以數計的遊客前來朝聖，也是整個梵蒂岡博物館人潮最擁擠的地方，為了保持秩序，這裡是梵蒂岡博物館中唯一禁止拍照的地方，現場有許多工作人員時刻提醒遊客，如果被發現偷拍還會被立刻要求刪除照片，所以千萬別以身試法歐！

1 《創世紀》

西元1508到1512年期間，米開朗基羅銜教宗儒略二世(Julius II)之命，在穹頂和剩下的牆面作畫。4年期間，米開朗基羅忍過了酷暑、寒冬，時而蜷曲弓背、時而仰躺在狹小空間作畫。最後在天花板上畫出343個不同的人物，以9大區塊描繪出《創世紀》中的《神分光暗》、《創造日月》、《神分水陸》、《創造亞當》、《創造夏娃》、《逐出伊甸園》、《諾亞獻祭》、《大洪水》、《諾亞醉酒》。

壁畫中最有名的《創造亞當》就是描述這段故事，體態慵懶像剛醒來的亞當斜倚躺著，伸出左臂準備觸碰上帝賦生命之手。

2 《最後的審判》

20多年後，米開朗基羅在1536~1541年，再應教宗保祿三世(Paul III)之託，繪製祭壇後的《最後的審判》，此時已是米開朗基羅創作的顛峰。《最後的審判》反映了教廷對當時歐洲政治宗教氣氛的回應，但米開朗基羅畫的審判者基督、聖母等天國人物，和充滿缺陷的人類一樣，面對救贖的反應都是人性的。

Did YOU KnoW

米開朗基羅的尺度
讓教廷無法接受！？

在正式向公眾揭幕前，《最後的審判》遭到嚴重的批評。在西斯汀禮拜堂這麼神聖的地方，居然裝飾了一幅人物全裸的壁畫？挑戰者攻擊米開朗基羅把教宗的禮拜堂當成酒館和浴場。米開朗基羅立刻反擊攻擊者，他把帶頭攻擊的**Biagio da Casena**畫進《最後的審判》中，用一修大蛇緊緊纏著他的腿，魔鬼正在把他往地獄拉。

教廷當時選擇信任米開朗基羅，但是到了米開朗基羅死前一個月，又下令「修改」壁畫，由米開朗基羅的學徒畫上被認為是多此一舉的遮布。

樓梯頂端是透明天蓬，讓光線穿透整座梯廳，不論從上俯瞰，或從下仰視，都別具風景。

◉ 布拉曼特迴旋梯
Bramante Staircase

參觀完走到出口前，別忘了多看幾眼這座造型別緻的旋轉梯。早在1505年博物館建築落成時，就有這座旋轉梯，由起造聖彼得大教堂的布拉曼特(Donato Bramante)所設計，作為教宗住所貝爾維德雷宮的對外出口。他以多利克式圓柱和人字形拼貼大理石鋪面，完成這座以旋轉坡道取代階梯的迴旋梯，走起來相對輕鬆，只是原始的造型相對簡單。

到了1932年，由Giuseppe Momo操刀改造成目前所看到的雙螺旋梯，讓上樓梯和下樓梯的人不會相撞，舷梯則飾以華麗的金屬。

航向佛羅倫斯的偉大航道

如何前往

飛機

　　佛羅倫斯附近有兩座機場，一為位於佛羅倫斯市中心西北方5公里的Perètola機場(又稱為Amerigo Vespucci機場)，一般為國內航班或歐洲線航班。另一座機場是比薩的伽利略機場(Aeroporto Galileo Galilei)，是托斯卡尼當地的主要機場。

伽利略機場 ⓦwww.pisa-airport.com

Perètola機場 ⓦwww.aeroporto.firenze.it

火車

　　從義大利主要城市或是歐洲內陸前往佛羅倫斯的火車，一般都停靠在新聖母瑪利亞車站(Firenze Santa Maria Novella)，由此無論轉乘巴士或計程車均相當方便，車站距離大教堂不過幾個街區，幾乎可說是位於市中心。部分IC或RE火車會停靠位於郊區的Rifredi車站或Campo di Marte，搭車時要先確認，免得下錯車站。

　　佛羅倫斯是羅馬至米蘭間的主要車站，有高速列車通過，可節省不少行車時間。

義大利國鐵 ⓦwww.trenitalia.com

巴士

　　所有前往佛羅倫斯的國際巴士或是長程巴士、甚至許多區域巴士都停靠在新聖母瑪利亞車站前的巴士總站(SITA)。

SITA巴士總站

📍Via Santa Caterina da Siena 17

ⓦwww.sitabus.it

從機場進入市區
火車
　　伽利略機場位於比薩中央車站以南2公里處、距離佛羅倫斯市中心大約80公里，該車站有直達火車前往佛羅倫斯的新聖母瑪利亞中央車站 (Santa Maria Novella)，每天4:30~22:25之間，平均1小時有班車，車程約90分鐘。

機場巴士 Airport Shuttle Bus
　　從兩大機場可搭乘Sky Bus Lines至Guidoni站，再轉乘電車T2至市區，車程約60分鐘。另有夜間巴士於21:40~6:00行駛，直達佛羅倫斯的新聖母瑪利亞車站。

Caronna Tour S.r.l. ⓣ www.caronnatour.com
電車
　　連接佩雷托拉機場和佛羅倫斯市中心的佛羅倫斯電車於2019開通，搭乘T2由機場自市區僅需20分鐘，發車時間為5:00~00:04(週五與週六至1:31)，大約每4~22分發一班車。

GEST ⓣ www.gestramvia.it
計程車
　　從伽利略機場前往佛羅倫斯市區，由於距離遙遠，並不划算，所以使用者不多，若有需求可利用比薩計程車合作社(CO.TA.PI)的網站查詢。

ⓣ www.cotapi.it

佛羅倫斯行前教育懶人包

INFO
基本資訊

人口：360,772

面積：102.3平方公里

區碼：(0)55

城市概略

「百花之都」佛羅倫斯是歐洲最重要的藝術文化中心之一，無數的博物館、教堂、濕壁畫、雕刻和繪畫，展現出文藝復興時期最耀眼的珍寶。當時的大師級人物如米開朗基羅、唐納泰羅、布魯內雷斯基、波提且利、拉斐爾等人，都在這股風潮中，留下不朽的藝術作品。

Did YOU Know

充滿詩意的別名

佛羅倫斯的義大利語「Firenze」，意思為百花之城。中國詩人徐志摩造訪時，感動於它的美，所以為它取了優雅的譯名「翡冷翠」，同時還為它創作一文《翡冷翠山居閒話》和一詩《翡冷翠的一夜》。充分表達出他旅遊此地的感觸情懷。下次看到翡冷翠這個名稱，別懷疑，說得就是佛羅倫斯。

氣候

佛羅倫斯是托斯卡尼省的首府。起伏的丘陵，滿山的葡萄園和橄欖樹，和燦爛的陽光交織成無際田園天堂；而美麗的鄉野間，點綴著中世紀山城和村落，以及滿滿藝術氣息的教堂和博物館。牧歌式的風景，是義大利鄉村的寫照。

	1月	4月	7月	10月
平均高低溫	10/1℃	18.5/7.5℃	31/18℃	21/10℃
平均日照	3hr	6hr	10hr	5hr
雨量	60.5mm	86mm	37mm	104mm

關於佛羅倫斯的住宿

◎佛羅倫斯市區不大，不論住在那個區域，交通都不太構成問題。如果不想拖著行李走太遠，中央車站附近是首選，經濟型的旅館也比較多，大多集中在Nazionale、Fiume、Faena、Guelfa等路。聖羅倫佐教堂和中央市場附近也有不少便宜飯店，不過周邊因為有市集，環境稍嫌髒亂。

◎最方便的就是聖母百花大教堂周邊，不論走到哪裡都方便，飯店等級和價差非常大，有些飯店屋頂看出去就是大教堂的圓頂，景觀極佳。不過這裡也是最吵鬧的區域，街頭藝人的表演經常通宵達旦，如果旅館隔音不佳，休想一夜安眠。

◎如果想要住在較幽靜的區域，學院美術館附近會是個好選擇。

◎入住佛羅倫斯的旅館除房價外，得另外課徵城市稅，依照飯店的星等，1至5星分別得額外付每人每晚€3.5至€8不等。

觀光優惠票券好用嗎？
佛羅倫斯卡Firenze Card

雖然這張卡貴得令人咋舌，但是如果你打算把佛羅倫斯的博物館、景點一次掃盡，而且避免大

排長龍之苦，那麼也許你可以考慮忍痛花大筆錢買下這張卡，包括烏菲茲美術館、學院美術館等，都可以在3天效期之內不用在售票口排隊，長驅直入60處博物館、教堂和景點。

💲€85

🌐www.firenzecard.it

佛羅倫斯的遊客中心在哪裡？
佛羅倫斯旅遊客務中心APT di Firenze
🏠Via Cavour 1/R

☎290-832

🕐平日9:00~13:00

休週末

🌐www.feelflorence.it

旅客服務中心(新聖母瑪利亞車站)
🏠Piazza della Stazione 4

☎055-000

🕐9:00~19:00(週日至14:00)

市區交通

　　佛羅倫斯的大眾交通工具包括巴士和電車，不過景點大多集中在中央車站東南方三公里的範圍內，建築群很集中，也是個很舒服的城市，只要徒步就可到達主要景點。

　　若要前往距離較遠的米開朗基羅廣場，可能利用到巴士，從火車站可搭乘12或13號公車前往，比較常被使用的電車為C1線，行經幾個主要博物館。由於在巴士上購票價格較高，最好先在公車站旁的自動販賣機、售票亭、香菸攤(Tabacchi)或手機應用程式先行購買。

AT(AUTOLINEE TOSCANE)巴士公車售票處
💲市區無論距離皆為€1.5，90分鐘內可無限次轉乘

🏠Via Santa Caterina da Siena 17

🕐週一至週六6:00~20:15；週日6:30~20:00

🌐www.at-bus.it

百花之都

佛羅倫斯
Florence

● 佛羅倫斯

佛羅倫斯是歐洲最重要的藝術文化中心之一，文藝復興時期的大師級人物如米開朗基羅、唐納泰羅、布魯內雷斯基、波提且利、拉斐爾等人，都在這留下不朽的藝術作品。

而這一切都要歸功於麥第奇家族。麥第奇家族由經商到執政，把人文主義的精神貫注於整個佛羅倫斯之中，終於形成了改變歐洲歷史的文藝復興時代。

1861年義大利全國統一，佛羅倫斯一度是義大利的首都，直到1870年，首都才改為羅馬。二次世界大戰曾給佛羅倫斯帶來極大破壞，大水災也曾讓珍貴的藝術品受到傷害，但身為文藝復興之都的佛羅倫斯，依然雍容典雅，是義大利最有文藝風格的城市。

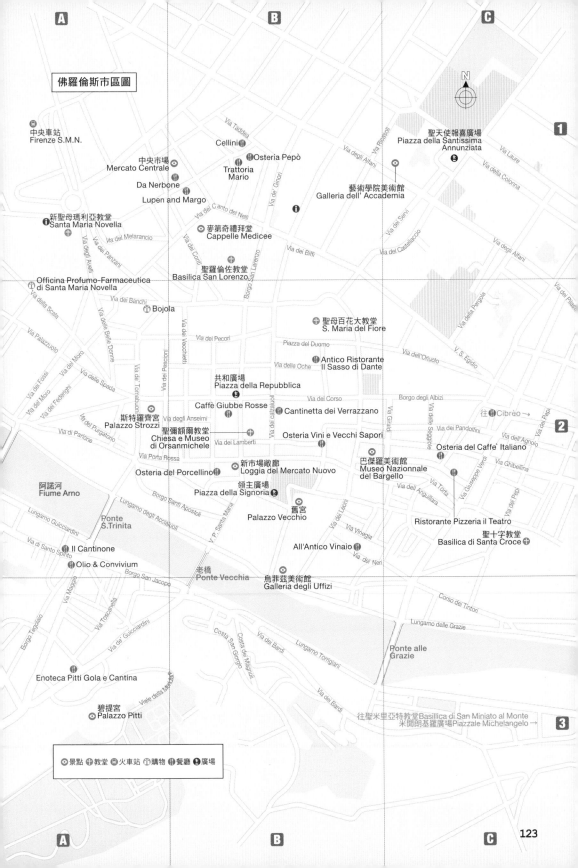

佛羅倫斯市區圖

A B C

N

1

中央車站
Firenze S.M.N.

Via Taddea

Cellini

Osteria Pepò

中央市場
Mercato Centrale

Trattoria
Mario

Da Nerbone

Lupen and Margo

Via de' Ginori

Via del Canto dei Nelli

Via dei Servi

聖天使報喜廣場
Piazza della Santissima
Annunziata

Via della Colonna

Via della Laure

Via de' Servi

藝術學院美術館
Galleria dell' Accademia

Via degli Alfani

新聖母瑪利亞教堂
Santa Maria Novella

麥第奇禮拜堂
Cappelle Medicee

Via del Melarancio

Via de' Cerretani

Via del Castellaccio

Via degli Alfani

Officina Profumo-Farmaceutica
di Santa Maria Novella

聖羅倫佐教堂
Basilica San Lorenzo

Borgo San Lorenzo

Via dei Biffi

Via della Pergola

Via della Scala

Via dei Banchi

Bojola

Via dei Pecori

聖母百花大教堂
S. Maria del Fiore

Piazza del Duomo

V. S. Egidio

Via dei Fossi

Via delle Belle Donne

Via de' Vecchietti

Via dell'Oriuolo

Via del Palazzuolo

Via del Moro

Via delle Spada

Via de' Pescioni

Via delle Oche

Antico Ristorante
Il Sasso di Dante

2

Via de' Federighi

Via de' Tornabuoni

共和廣場
Piazza della Repubblica

Caffè Giubbe Rosse

Via del Corso

Borgo degli Albizi

往 Cibrèo →

斯特羅齊宮
Palazzo Strozzi

Via degli Anselmi

Cantinetta dei Verrazzano

Via Giraldi

Via delle Seggiole

Via de' Pandolfini

Via dell'Agnolo

Via del Moro

Via di Parione

聖彌額爾教堂
Chiesa e Museo
di Orsanmichele

Via dei Lamberti

Osteria Vini e Vecchi Sapori

Osteria del Caffè' Italiano

Via Ghibellina

Via Porta Rossa

新市場敞廊
Loggia del Mercato Nuovo

巴傑羅美術館
Museo Nazionale
del Bargello

Via Giuseppe Verdi

Osteria del Porcellino

領主廣場
Piazza della Signoria

Via della Condotta

Via dell'Anguillara

Via de' Leoni

Via de' Pepi

阿諾河
Fiume Arno

Lungarno Guicciardini

Borgo Santi Apostoli

舊宮
Palazzo Vecchio

Ristorante Pizzeria il Teatro

Ponte
S.Trinita

Lungarno degli Acciaiuoli

V. P. Santa Maria

Via Vinegia

聖十字教堂
Basilica di Santa Croce

Via di Santo Spirito

Il Cantinone

All'Antico Vinaio

Via de' Neri

Olio & Convivium

老橋
Ponte Vecchia

烏菲茲美術館
Galleria degli Uffizi

Corso dei Tintori

Via Maggio

Borgo San Jacopo

Via Toscanella

Via de' Guicciardini

Costa San Giorgio

Costa dei Magnoli

Via dei Bardi

Lungarno Torrigiani

Lungarno delle Grazie

Ponte alle
Grazie

Borgo Tegolaio

Enoteca Pitti Gola e Cantina

碧提宮
Palazzo Pitti

Viale della Meridiana

Via dei Bardi

往聖米里亞特教堂Basilica di San Miniato al Monte
米開朗基羅廣場Piazzale Michelangelo →

3

◎景點 ✝教堂 🚉火車站 🛍購物 🍴餐廳 🅱廣場

A B C

招牌的大圓頂，文藝復興經典建築聖母百花大教堂。

佛羅倫斯：聖母百花大教堂

造訪聖母百花大教堂理由

① 世界上最大的圓頂建築

② 文藝復興的經典建築作品

③ 佛羅倫斯的地標，登上圓頂或鐘樓欣賞美麗的市景。

✝ 聖母百花大教堂

MAP
P.123
B2

S. Maria del Fiore (Duomo)

聖母百花大教堂至今仍是佛羅倫斯的驕傲，巨大的紅色圓頂為那段風起雲湧的人本思潮寫下永恆的見證，當時最偉大的藝術家都曾為它奉獻精力與才華，大教堂吟誦的不只是詩歌，而是雄渾的文藝復興交響樂。

聖母百花大教堂是佛羅倫斯的主座教堂，巨大的建築群分為教堂本身、洗禮堂與鐘塔三部分，1982年被列入世界文化遺產。

教堂四周許多的餐廳都有提供露天座位，讓人們可以一邊用餐一邊欣賞。

購票地點

套票除了上網預訂外，還可以在大教堂附近的兩個售票處購票，購票完必須用機器預約時間才算購票完成，系統會自動把大教堂、鐘樓、跟博物館的參觀時間錯開。
🏠Piazza Duomo 14/A(限電子支付)、Piazza San Giovanni 7。

至少預留時間
只參觀教堂：1小時
參觀教堂、鐘樓、禮拜堂和博物館：
2~3小時

🏠Via della Canonica, 1
📞230-2885
🕐 大教堂10:15～15:45。圓頂8:15～19:30(週六至17:15)，週日12:45～17:15，入口於教堂北面，需爬463層階梯，沒有電梯。聖雷帕拉達教堂遺跡10:15~15:45(週日13:30起)。鐘樓8:15~19:30，需爬414層階梯，沒有電梯。洗禮堂8:30~19:30。大教堂博物館8:30~19:00。

🛑大教堂週日休館
💰大教堂免費，其餘包括圓頂、聖雷帕拉達教堂遺跡、鐘樓、洗禮堂一票到底，72小時內使用完畢，€30
🌐duomo.firenze.it
❗1. 大教堂在元旦、聖誕節等重大宗教節日另有開放時間，另有圓頂、洗禮堂在某些日子不對外開放，詳細情形請上網查詢。2. 進入大教堂請勿穿著過於暴露的服裝。

圓頂和鐘塔都是佛羅倫斯市中心的制高點，可以欣賞到迷人的市景。

**怎麼玩
聖母百花大教堂才聰明？**

線上預約

除了大教堂免費進場一定要排隊，其他地方都可以在預約時選好時段，減少排隊和等待的時間。此外像是鐘樓登頂的名額有限，提前預約也可以確保不會額滿。

登頂二選一

登上教堂圓頂和喬托鐘樓都能欣賞佛羅倫斯的市景，但是景觀差別不大，所以建議選擇一個就好，可以省下時間和體力。

一票玩到底

除了大教堂和鐘樓之外，持有套票還可以參觀大教堂博物館和洗禮堂，千萬別錯過了。

佛羅倫斯：聖母百花大教堂

必看重點

大教堂、鐘樓、洗禮堂和博物館，文藝復興的經典一票看到底！

✝ **大教堂**

教堂重建於西元5世紀已然存在的聖雷帕拉達教堂上，它的規模反映出13世紀末佛羅倫斯的富裕程度及市民們的野心，一開始是根據岡比歐(Arnolfo di Cambio)的設計圖建造，他同時也監督聖十字教堂及領主廣場的建造。

岡比歐死後又歷經幾位建築師接手，最後大建築師布魯內雷斯基(Filippo Brunelleschi)於1434年在教堂上立起紅色八角形大圓頂，整體標高118公尺，對角直徑42.2公尺的圓頂至今仍是此城最醒目的地標。

教堂內有許多名人的雕像，包括了喬托、布魯內雷斯基等人。

佛羅倫斯：聖母百花大教堂

彩繪玻璃花窗上描繪著新舊約聖經故事

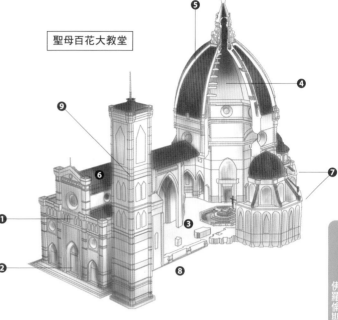

聖母百花大教堂

Did YOU KnoW

是麥第奇家族的家徽不是披薩？

欣賞教堂內美麗的大理石地板時，會發現一
個很可愛像是披薩的圖案。這是麥第奇家
族的家徽，家徽中像是臘腸的紅色圓圈代表
的是錢幣，因為麥第奇家族靠著經營銀行取
得了財富和地位；而十字架則代表他們對教
廷忠誠。這個家徽還出現在義大利的許多景
點，由此可以看出麥第奇家族龐大的影響力。

 大教堂立面

雖然大教堂於13世紀末重建，但正面於16世紀曾遭損
毀，現存由粉紅、墨綠及白色大理石鑲嵌而成的新哥德式
風格正面，是19世紀才加上去的，是佛羅倫斯建築師法
布里斯(Emilio De Fabris)所設計，上面的裝飾主題主要獻
給聖母瑪麗亞，立面上方壁龕上的雕像有基督、瑪麗亞與
十二使徒。

② 大門

教堂立面的三座銅門完成於20世紀初，上面的雕刻主要描繪聖母瑪麗亞的一生。門上方半圓壁龕的馬賽克，自左而右分別是《佛羅倫斯慈善機構創立者》、《基督、瑪麗亞與施洗約翰》、《佛羅倫斯藝術家、商人和人文主義者》。

③ 大理石地面

地面精心鋪上彩色大理石，讓教堂內部看起來更加華麗，這是佛羅倫斯建築師達諾羅(Baccio d'Agnolo)及文藝復興雕刻師山格羅(Francesco da Sangallo，其父親Giuliano da Sangallo曾參與興建梵諦岡的聖彼得大教堂)的傑作，屬於16世紀的作品。

Did YOU KnoW

瓦薩利也是出自名師唷！

不少人都會覺得瓦薩利(Giorgio Vasari)的畫風跟米開朗基羅有點像，其實彼此有師徒關係。儘管兩人都畫了《最後的審判》，不過米開朗基羅的畫作是在一面大牆上，而瓦薩利這幅卻是畫在圓頂上，得要一層套著一層地畫，顯然難度更高，但名氣卻始終不及師父米開朗基羅的西斯汀禮拜堂版本。

④ 《最後的審判》濕壁畫

大圓頂內部裝飾著非常壯觀的《最後的審判》濕壁畫，由麥第奇家族的御用藝術家瓦薩利(Giorgio Vasari)和朱卡利(Federico Zuccari)在教堂完工的一百多年後所繪。在這幅面積達3600平方公尺的壁畫中間，可以看見升天的耶穌身旁圍繞著天使在進行審判。

⑤ 大圓頂Cupola

布魯內雷斯基畢生最大成就，就是這由內外兩層所組成的大圓頂，穹頂本身高40.5公尺，使用哥德式建築結構的八角肋骨支撐，並用400萬塊磚。從夾層之間的463個階梯登上頂端採光亭，會感受到大師巧奪天工的建築智慧。

八角形的圓頂外部，由不同尺寸的紅瓦覆蓋，是布魯內雷斯基得自羅馬萬神殿的靈感。若有足夠的腳力登上大圓頂，可在此欣賞佛羅倫斯老市區的紅瓦屋頂。

而大圓頂尖端立著十字架的球體，直徑長達6公尺。

大圓頂超級比一比

根據建築史公認的說法，羅馬萬神殿圓頂的紀錄維持了1200多年，直到1436年才被佛羅倫斯聖母百花大教堂超越，但萬神殿圓頂直徑43.4公尺，聖母百花大教堂圓頂42.05公尺，又何來超越之說？原因是一為圓形，一為八角形，後者若以對角線的最大直徑算，則達45.52公尺。況且聖母百花大教堂的圓頂比萬神殿高得多。

萬神殿到目前為止，仍然是西方建築中最大的無鋼筋混凝土圓頂。

聖母百花大教堂則是現今最大的磚石圓頂。

聖彼得大教堂直徑41.47公尺，都略小於這兩座，不過它136.57公尺的高度，則是世界最高圓頂建築。

Did YOU KnoW

布魯內雷斯基和他的大圓頂

教堂蓋了半個多世紀，到了14世紀中葉屋頂仍然沒有著落。經過一輪競圖，建築師Neri di Fioravanti的設計獲勝，他以羅馬式古典圓頂取代了中世紀流行的哥德式飛扶壁。在他的設計中回復羅馬時代的圓頂直徑，還大幅把圓頂拉高，只是工程始終無法克服，多次以倒塌收場。直到建築天才布魯內雷斯基的出現，他的靈感雖然來自羅馬萬神殿，卻沒有試圖重現萬神殿，以前所未見的建築工法，終於扭轉局勢，並開創歷史。

6 中殿與側廊 Nave & Aisles

聖母百花大教堂的本體呈拉丁十字架形式，有一座很寬的中殿，兩邊各有一道側廊，並由架在壁柱上的哥德式尖拱隔開。

7 祭壇和耳堂 Chancel & Transepts

祭壇和耳堂雙雙呈多邊形，由兩個小的多邊形禮拜堂隔開。

8 聖雷帕拉達教堂遺跡 Cripta di Santa Reparata

教堂還保留著百花大教堂前身－聖雷帕拉達教堂遺跡，從教堂中殿沿著樓梯來到地下，可以看到這間教堂斑駁的壁畫、殘留的雕刻及當時的用具。

9 名人陵墓

包括喬托、剛比歐、布魯內雷斯基等人的遺體都埋葬在教堂裡，其中布魯內雷斯基位於地窖。

佛羅倫斯：聖母百花大教堂

喬托鐘樓
Campanile di Giotto

高84.7公尺的喬托鐘樓，鐘樓略低於教堂的大圓頂，這是喬托在1334年的設計，他融合了羅馬堅固及哥德高貴的風格，共用了托斯卡尼的純白、紅色及綠色三種大理石，花了30年的時間完成，不過在花了三年蓋完第一層後，喬托就過世了。

鐘樓內部有喬托及唐納泰羅的作品，不過真品保存在大教堂博物館內。

鐘樓四面彩色大理石及浮雕的裝飾，描繪人類的起源和生活，如亞當和夏娃、農耕和狩獵等。

在鐘樓旁的建築有兩座雕像，一手拿卷軸、一手拿筆的就是教堂設計師岡比歐。

眼睛看向教堂大圓頂的，是圓頂的建築師布魯內雷斯基。

大教堂博物館
Museo dell' Opera di S. Maria del Fiore

博物館的建築起源於13世紀，原先是聖母百花大教堂的行政管理單位所在，19世紀才做為博物館開放。在大教堂博物館中，收藏了為聖母百花大教堂而製作的藝術品，其中包括米開朗基羅80歲時，未完成的《聖殤》、唐納泰羅(Donatello)的三位一體雕刻，以及洗禮堂的「天堂之門」。此外還有許多傑出的雕塑品和大教堂建造過程有相關的文物。

聖約翰洗禮堂
Battistero San Giovanni

與教堂正門相對的八角形洗禮堂，外表鑲嵌著白綠兩色大理石，這座建於4世紀的羅馬式建築，可能是佛羅倫斯最古老的教堂，因為在聖母百花大教堂尚未出現之前，它曾經擔任主教堂的角色。

洗禮堂是西元4世紀時立於這個廣場上的第一個建築物，詩人但丁曾在此接受洗禮。洗禮堂外觀採用白色和綠色大理石，縱向和橫向都呈現三三制結構，包含三座銅門，其中兩道銅門出自吉貝帝的雕刻。

八角屋頂

洗禮堂的八角屋頂裝飾著一整片金光燦爛的馬賽克鑲嵌壁畫，這是13世紀的傑作，由Jacopo Francescano及威尼斯、佛羅倫斯藝術家共同完成。上面描繪了包括《最後的審判》、《創世紀》、《聖母子》、《施洗約翰》等故事。

天堂之門

洗禮堂東邊面對百花大教堂的方向，是出自吉貝帝之手，雕工最精緻華麗的銅門，米開朗基羅曾讚譽為「天堂之門」，這也是最受遊客矚目的一道門。不過現在的銅門是複製品，因為傳說佛羅倫斯每一百年會發生一次大洪水，而在1966年大門被洪水沖壞，真品目前保存在大教堂博物館裡。

據說若能走過開啟的天堂之門，能洗淨一身罪孽，和聖彼得大教堂的聖門一樣，每25年開啟一次，下一次為2025年。

門上有十格浮雕敘述舊約聖經的故事，從第一格的《亞當和夏娃》到最後一格《所羅門和雪巴女王》。

還有數個用圖框框住的人物像，吉貝帝也是其中一個。

曾經的政治中心，現在是**佛羅倫斯最美的廣場**。

造訪領主廣場與舊宮理由

① **朝聖**麥第奇家族的政治權力中心

② **精彩雕像作品**一次看個夠

③ 佛羅倫斯的市中心，大部份景點都在附近。

佛羅倫斯：領主廣場與舊宮

MAP
P.123
B2

領主廣場與舊宮
Piazza della Signoria & Palazzo Vecchio

　　自13世紀起，這裡就是佛羅倫斯的政治中心，在麥第奇統治時期，廣場上最醒目的舊宮，就是當年麥第奇家族的府邸，一旁的烏菲茲美術館則為辦公的地方。由於當時採行共和體制，凡是公共事務都在廣場上議事並舉手表決。直到阿諾河對岸的碧提宮落成，舊宮才成為佛羅倫斯的市政廳。

在廣場周圍的露天座位區，可以享受悠閒的下午茶配上眼前的美景。

從喬托鐘塔上望去，舊宮也是市中心的地標，十分顯眼。

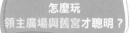
怎麼玩
領主廣場與舊宮才聰明？

美食中心

領主廣場附近有許多佛羅倫斯知名的小吃店和餐廳，是除了中央市場外美食最密集的區域。

廣場夜景

如果沒有要參觀舊宮，晚上來可以看到點起燈的領主廣場，有不同的風貌。

至少預留時間
在廣場上參觀：30分鐘
進入舊宮參觀：1小時

從聖母百花大教堂步行前往
約10分鐘

🏠Piazza della Signoria
📞276-8325
🕐舊宮9:00~19:00(週四至14:00)。高塔9:00~17:00(週四至14:00)
💰舊宮全票€12.5(有展覽時為€17.5)，高塔€12.5
🌐cultura.comune.fi.it

在文藝復興萌芽的地方，每一個角落都值得欣賞。

👁 舊宮

舊宮由岡比歐(Arnolfo di Cambio)於13世紀末設計，他同時也是聖母百花教堂的原始設計者，這座擁有94公尺高塔的哥德式建築，為佛羅倫斯中世紀自由城邦時期的代表建築，不過當麥第奇家族執政時，御用建築師瓦薩利(Vasari)將其大幅修改，因此又混合了文藝復興的風格。

佛羅倫斯：領主廣場與舊宮

舊宮外的大衛像複製品，米開朗基羅的原作保存在藝術學院美術館。

大門右手邊的是班迪內利(Baccio Bandinelli)的《海克力士與卡可》(Ercole e Caco)雕像。

柱廊牆上是文藝復興時期畫家兼建築師瓦薩利(Giorgio Vasari)所創作的濕壁畫，描繪哈布斯堡王朝的奧地利城市。

大門入口

位於大門入口上方，有一片美麗的大理石裝飾，年代溯及1528年，正中間是代表基督教的符號，兩邊圍著兩頭鍍金獅子。上面的拉丁文Rex Regum et Dominus Dominantium，意思是「萬王之王，萬主之主」。

五百人大廳
Salone dei Cinquecento

五百人大廳是舊宮裡最值得一看的地方，長52公尺，寬23公尺，15世紀時當作會議廳使用。天花板及牆上裝飾著滿滿出自瓦薩利及其門生之手的濕壁畫，描繪佛羅倫斯戰勝比薩和西恩那的戰役。

在此之前，一些著名的未完成作品在政權轉變過程中，遭到破壞並軼失，包括米開朗基羅的草圖《卡辛那之戰》(Battle of Cascina)和達文西的《安吉里之戰》(Battle of Anghiari)。

👁 領主廣場

　　領主廣場被稱為「露天的美術館」,是佛羅倫斯最美麗的廣場,四周除了舊宮還有傭兵敞廊、烏菲茲美術館、商人法庭和烏古其奧尼宮,自古就是佛羅倫斯的市政中心。廣場上擺設了許多具有代表性的石雕複製品。包括米開朗基羅的《大衛》、唐納太羅的《裘蒂達》(Giuditta)、班迪內利(Bandinelli)的《赫克力士與卡可》(Ercole e Caco),還有真跡如強波隆納(Giambologna)的《科西莫一世騎馬雕像》。

👁 海神噴泉

　　舊宮旁的海神噴泉(Fontana di Nettuno),是阿曼那迪(Ammannati)16世紀時的作品,白色大理石的海神四周被各種青銅造型的仙子與牧神包圍,象徵統治者伸展海權的決心。

👁 科西莫一世騎馬雕像
Equestrian Monument of Cosimo I

位於廣場中央的科西莫一世騎馬雕像,是斐迪南一世(Ferdinando I)為紀念他的父親,委託雕刻家強波隆納(Giambologna)的創作,也是佛羅倫斯第一尊大型騎馬雕像。頗有效法古羅馬時代馬可士奧略利歐(Marcus Aurelius)騎馬雕像的味道(在羅馬坎皮多怡歐廣場上),同樣右手舉起來,但不同的是,科西莫一世身著盔甲、腰繫寶劍、足踏馬蹬、手執指揮棍。

Did YOU KnoW

《掠奪沙賓婦女》的由來
是單身漢太多？！

羅馬建城初期人丁稀少，因此收編了許多壯年的遊民、流浪漢、罪犯來補充勞動人口的不足，這導致了羅馬城的男女人口比例失調，因此羅馬人就從附近的薩賓人部落強奪婦女，於是羅馬人和薩賓人展開了戰爭，最後薩賓人的部落被併入羅馬城邦，成為羅馬崛起的一個重要因素。

帕修斯怒斬海妖

帕修斯是希臘神話中的英雄，他是天神宙斯和人類所生下的兒子。他靠著眾神給予他的武器和盔甲前去挑戰惡名昭彰的海妖梅杜莎，他先騙過了梅杜莎的海妖姐妹，最後成功斬下了梅杜莎的頭。這個故事也成為許多藝術作品的題材，不只是在傭兵敞廊才能看得到。

傭兵敞廊

廣場一旁建於14世紀的傭兵敞廊(Loggia dei Lanzi)，在夏季時是觀光客遮陽的好地方，同時這裡也有像是強波隆納的《掠奪沙賓婦女》這樣的文藝復興頂級作品。

傭兵敞廊最早是用於接待前來舊宮的外賓及給官員遮風擋雨使用，科西莫一世時期，這裡曾駐紮外國僱傭軍，因此得到了傭兵敞廊這個名稱。

最引人注目的是精工之父切里尼(Cellini)的《帕修斯》(Perseo)。這個作品描繪的是帕修斯斬下妖怪梅杜莎的頭。

佛羅倫斯：領主廣場與舊宮

137

這裡是佛羅倫斯最熱鬧的市中心，許多景點從領主廣場拐個彎就到了！

新市場敞廊與野豬噴泉
MAP P.123 B2
Loggia del Mercato Nuovo & Fontana del Porcellino

傳說遊客只要摸摸野豬的鼻子，再將硬幣放入金豬的口中，如果錢幣順著掉入下方的孔中，願望就能實現。

如何前往

從聖母百花大教堂步行前往約10分鐘

這座敞廊距離老橋和舊宮只有幾步之遙，16世紀時，由麥第奇家族的科西摩一世下令建造，稱為新市場，是為了區隔原本位於共和廣場的舊市場。敞廊由一列列的科林斯式石柱構成。

新市場敞廊旁有一座銅雕的野豬噴泉(Fontana del Porcellino)，原作存放在烏菲茲美術館裡，目前所看到的是複製品。豬的鼻子早已被遊客摸得金光閃閃。

當年市場內主要販售絲織品及當地著名的草帽，現在是佛羅倫斯皮件、手工藝品及紀念品的商場。

共和廣場
MAP P.123 B2
Piazza della Repubblica

如何前往

從聖母百花大教堂步行前往約3分鐘

共和廣場是羅馬時代的議事廣場，到了中世紀，則成為佛羅倫斯的市中心，繁忙的舊市場就位於此。不過19世紀末，市政府進行了一件具爭議性的改造計畫，包括拆除老市場、貧民窟，同時遷走近6000位居民。

廣場中央，豐饒女神之柱(Colonna

如今共和廣場周邊，聚集了不少歷史咖啡館，其中包括藝術家和作家常聚會的Giubbe Rosse咖啡館。

dell'Abbondanza)於1956年重新被豎立起來；廣場上則是街頭藝人即興表演的地方。

聖彌額爾教堂
Chiesa e Museo di Orsanmichele

MAP P.123 B2

如何前往

從聖母百花大教堂步行前往約5分鐘

info

⊙Via dell'Arte della Lana ⊙10:00~17:00

❶教堂目前進行維護暫停開放，預計2023年9月下旬重新開放

　13世紀的時候，教堂原只是市場堆放穀物的一座拱廊，到了14世紀末，拱廊多了外牆並添加一層樓，成為佛羅倫斯雕刻及貿易工會附屬的一座小禮拜堂。

　由於曾經是職業工會的禮拜堂，這座教堂最特殊的就是教堂外牆神龕上的雕像，他們分別代表了銀行家、商人、醫生、紡織工、鞋匠、屠夫等各種職業的守護神，只要看他們手上拿的東西，就可略知一二，也反映出佛羅倫斯當年商業繁榮的盛況。

目前所看到的雕像都是複製品，原件收藏在教堂的博物館裡。

巴傑羅美術館
Museo Nazionale del Bargello

MAP P.123 B2

如何前往

從聖母百花大教堂步行前往約10分鐘

info

⊙Via del Proconsolo 4

☎294-883(預約專線，預定費€3)

🌐www.bargellomusei.beniculturali.it、www.firenzemusei.it(購票網站)

⊙4~10月8:15~18:50(週三、週四與7~8月的週日至13:50)；9~3月8:15~13:50(週六至18:50)

🚫週二、每月的第二和第四個週日、12/25

💲全票€10、半票€2；另有與麥第奇禮拜堂、達萬紮蒂宮、聖彌額爾教堂的聯票€21

　外觀像堡壘的巴傑羅美術館，建於1255年，最初是市政廳，後來變成法院及監獄，當時一樓是酷刑室，中庭是執行死刑之處，死者還會被掛在鐘樓旁的窗戶外面，直到1780年彼得大公爵才廢除刑囚的工具及絞刑架。

　巴傑羅美術館經過裝修後，已成為義大利的國家博物館之一，館內共分為三層樓。一樓主要展示米開朗基羅及15、16世紀佛羅倫斯雕刻大師的作品，包括《酒神》、《聖母子》等。

二樓則為唐納泰羅的作品，其中最有名的便是《大衛》雕像。

MAP P.123 A2

斯特羅齊宮
Palazzo Strozzi

如何前往

從聖母百花大教堂步行前往約5分鐘

info

🏛 Piazza Strozzi

☎ 264-5155

🕙 10:00~20:00（週四至23:00）

💲 全票€15、優待票€12

🌐 www.palazzostrozzi.org

15世紀時斯特羅齊家族在佛羅倫斯是最重要的家族之一，因為經商與勢力龐大的麥第奇家族成為競爭對手，麥第奇家族在佛羅倫斯擁有許多偉大的建築和宮殿，因此斯特羅齊家族的主人菲利浦‧斯特羅齊決定建一座超越麥第奇家族的府邸來壯大家族的聲勢。建造期間為了擴大規模，斯特羅齊家族陸續收購並拆遷了周邊的許多建築，最後終於完成。

麥第奇家族的可敬對手

斯特羅齊家族在佛羅倫斯有著悠久的歷史，文藝復興時期經營銀行業使得家族勢力大增，於是跨足政治，和另一個大家族麥第奇家族針鋒相對，結果麥第奇家族勝出，將斯特羅齊家族的勢力逐出佛羅倫斯，於是麥第奇家族在佛羅倫斯再無對手。後來斯特羅齊家族更是透過聯姻的方式對麥第奇家族輸誠。

斯特羅齊家族的家徽。

斯特羅齊宮如今做為美術館和博物館開放參觀，其策展方向以現代藝術和文藝復興的結合為主，內容時常讓人耳目一新。

MAP P.123 A2

Bojola

如何前往

從聖母百花大教堂步行前往約5分鐘

info

🏛 Via de' Rondinelli 25/r ☎ 215-361

🕙 10:00~19:30 🚫 週日

🌐 www.bojola.it

面對佛羅倫斯滿街的包包、皮件，又怕買到假貨，建議你盡量到有信譽的商家選購，Bojola這家超過百年歷史、由第五代經營的皮革老店就是其中之一，價格也許比路邊、市集賣得昂貴，但也相對提供品質保證。從天然小牛皮、可洗式皮革，到混和棉、提花等織材的皮件，Bojola都堅持傳統手工製作。在這裡你可以找到齊全的皮帶、皮夾、文件包、手提包及旅行包等。

店內也有動物造型的創意皮件。

米開朗基羅的墓出自瓦薩利（百花大教堂大圓頂的畫家）之手，墓前的雕刻分別是建築家、雕刻家及畫家，用以代表米開朗基羅的身份。

但丁是出生在佛羅倫斯的偉大詩人，因此雖然他葬在拉威納，這裡還是特別替他立了一個衣冠塚。

伽利略墓上的樓梯標誌代表他曾加入的絲綢行會，左右雕像代表著天文跟幾何學。

教堂的中庭有一間巴茲（Pazzi）家族的禮拜堂，這是布魯內雷斯基的設計，唐納泰羅製作細部，是文藝復興時期的傑作。

聖十字教堂
Basilica di Santa Croce

MAP P.123 C2

如何前往

從聖母百花大教堂步行前往約20分鐘

info

📍Piazza di Santa Croce 16

☎246-6105

🕐週一至週六9:30~17:30、週日12:30~17:45

💰全票€8、優待票€6

🌐www.santacroceopera.it

　　這座建於13世紀末的哥德式教堂，是不少佛羅倫斯顯赫人物的長眠處，包括米開朗基羅、但丁、佩托拉克、馬奇維里(Machiavelli)、伽利略、唐納泰羅、羅西尼等。早期的教堂內部是平面的，繪滿許多壁畫，後來瓦薩利改變了教堂風格，變成現代化的設計，並且蓋掉原本的壁畫，直到1966年一場洪水淹沒了教堂，褪去了後來加上的色彩，原始的壁畫才得以重見天日。

餐館、小吃店林立的美食一級戰區,一邊逛一邊吃!

佛羅倫斯丁骨牛排 1公斤約 €60(秤重計價)
推薦菜

Antico Ristorante Il Sasso di Dante
義大利料理

 Piazza delle Pallottole 6R

位於昔日但丁經常前來沉思的廣場上,這間名稱原意為「但丁之石」的餐廳,散發出迷人的悠悠古意,外觀陪襯著拱門與斜屋頂,內部牆上還嵌著刻有神曲詩句的碑石。坐在室外用餐,最是賞心悅目,布魯內雷斯基的紅色大圓頂近在咫尺,精雕細琢的大教堂邊牆,在用餐的同時,也給予視覺上最大的享受。

📍P.123B2 ☎282-113
🕐12:00~15:00、18:00~23:00

Caffè Giubbe Rosse
咖啡、輕食

 Piazza della Repubblica 13/14r

共和廣場四周的咖啡館,以這間Giubbe Rosse最有特色。二十世紀初,義大利掀起一片「未來派」的風潮,鼓吹撤除所有古老的東西,Giubbe Rosse剛好成為『未來派』支持者的大本營,而這種活潑的人文精神,一直延續至今,成為咖啡館極大的特色。

Giubbe Rosse內部的裝潢仍帶著不羈的風格,牆上掛著醒目的未來派旗幟,及當時歌頌的主題;現代藝術家也經常在此辦展,底部有著哥德式天花板的大廳,定期都有座談會,充滿文藝氣息。

📍P.123B2 ☎212-280
🕐8:00~23:00

咖啡 €3~4
推薦菜

Osteria del Porcellino
義大利料理

佛羅倫斯丁骨牛排 約€65
推薦菜

 Via Val di Lamona 7r

這家規模中等的餐廳,仍帶有濃濃的小酒館風情,木質餐桌椅搭配牆上的酒瓶與乾草裝飾,說明了「小豬酒館」提供的正是最道地的鄉野味。最家常的服務和不花俏的烹調是這間餐廳最大的特色,除了佛羅倫斯大牛排外,這裡也可以品嘗到該餐廳特製辣醬所做的招牌料理。

📍P.123B2 ☎264-148 🕐平日12:00~15:00、19:00~23:00;週末12:00~23:00 💲比薩和義大利麵€10~19,主菜€20~65 🌐osteriadelporcellino.com

Cantinetta dei Verrazzano
輕食

 Via Castello di Verrazzano 1

這家小酒窖也是具有雙重功能的食品店，入口處專門販售當日出爐的新鮮麵包與甜點、小餅乾，不少佛羅倫斯市民會站在這裡吃個點心，甚至喝杯咖啡。穿過前半部的麵包店，由左邊的小門進入，便是品酒、吃輕食的地方。Verrazzano把下酒的小菜提升到高級餐廳的水準，也是另一種品酒風情。雖是精緻的拼盤，採用的可都是道地的托斯卡納土產，因此那股簡單的樸實滋味，仍是齒頰間最雋永的回味。

P.123B2 268-590 8:00~16:00 週日

All'Antico Vinaio
三明治

 Via Dei Neri 65r

All'Antico Vinaio靠著號稱比臉還大的三明治，在TripAdvisor上佛羅倫斯數百家小吃店和餐廳中成為評價和人氣的第一名。從領主廣場走到All'Antico Vinaio只需要3分鐘，位置可以說非常方便。這裡的三明治特色是大分量、用料實在和平價，可以自由選擇麵包、肉類、起士和配菜，配菜的選擇尤其豐富，如果不知道怎麼選擇也可以直接點招牌上搭配好的經典口味。點好餐欣賞師傅製做三明治也是一大樂趣，因為生意太好所以師傅們的速度之快和技巧之熟練很有觀賞性。

P.123B2 238-2723 10:00~22:00 €7~11

Osteria Vini e Vecchi Sapori
義大利料理

 Via dei Magazzini 3r

從這間餐廳的名稱「酒與古老味」，就能看出它主打什麼餐飲。餐廳位於領主廣場旁，非常迷你，只有7、8張木桌，一派小酒館的模樣。這家小酒館是以冷盤為主，在小小的木製吧台上，擺著各式各樣的開胃菜，而且是依著個人的食用份量來收費。此外餐廳還提供一種名為Ribollita的食物，意思是「再煮熱」，舊時的佛羅倫斯會把當天沒吃完的黑麵包、蔬菜之類的食物，全混在一起煮，以免浪費食物；而這道熱食，也是農夫們冬天的主食。

P.123B2 293-045 12:30~14:30、19:30~22:30 週日 €11~20

王牌景點 3

文藝復興的寶庫，大師級名畫一次看個過癮。

佛羅倫斯：烏菲茲美術館

造訪烏菲茲美術館理由

1. 館藏大量文藝復興時期的經典畫作
2. 全世界最著名的美術館之一
3. 佛羅倫斯的必訪景點

MAP P.123 B2

烏菲茲美術館
Galleria degli Uffizi

　　麥第奇家族的法蘭切斯科一世把家族的辦公室改成收藏藝品的展覽室，加上後繼的大公爵們不斷地增購藝術品，使得文藝復興的重要作品幾乎全集中在這裡。1737年麥第奇的最後一滴血脈安娜瑪莉亞路得維卡，把家族的收藏全數贈與佛羅倫斯的市民，才有了今天的烏菲茲美術館。

　　這裡的收藏包括了開拓出人道精神的喬托、正式宣告文藝復興來臨的波提且利、文藝復興三傑——達文西、米開朗基羅、拉斐爾等人的曠世鉅作，堪稱是全世界最重要的美術館之一。

至少預留時間
挑選重點展件參觀：1小時
仔細參觀全館：1~3小時

從聖母百花大教堂步行前往約10分鐘

🏠Piazzale degli Uffizi 6 　📞294-883(預約專線)
🕐週二至週日8:15~18:30，售票口於17:30結束
🚫週一、12/25
💲3~10月€25，11~2月€12(線上預訂需另加€4預訂費)；另有烏菲茲美術館+碧提宮+波波利花園5日聯票3~10月€38，11~2月€18
🌐www.uffizi.firenze.it

> 宮廷建築師瓦薩利把「辦公室」設計成沿著長方形廣場兩翼的長廊，然後再由沿著阿諾河這面的三道圓拱相互連接。

現場也可以預約！

烏菲茲美術館和藝術學院美術館經常大排長龍，最好事先預約。除了線上預約外，在聖彌額爾教堂、藝術學院美術館旁的書店裡也設有櫃台販售烏菲茲美術館等熱門博物館的預約券。烏菲茲美術館裡也有獨自的預售票販賣處，可以指定當天及數日後特定時間的門票。

這幢文藝復興式建築是由麥第奇家族的科西摩一世，委託瓦薩利於1560年所建的辦公室，而Uffizi正是義文「辦公室」的意思。

雕刻類的作品陳列在走廊上，繪畫則是依照年代懸掛在展示室中。

怎麼玩
烏菲茲美術館才聰明？

3樓咖啡廳

美術館的3樓的咖啡廳設有**露天座位**區，可以近距離欣賞到領主廣場上的舊宮。參觀過程中來這裡休息是個好選擇。

壁龕雕像

除了館內的名畫，美術館外的長方形廣場上有許多的**壁龕雕像**，紀念的是文藝復興時期各個領域的傑出人物，看完他們的作品可以去外面找找看本尊長什麼樣子喔！

旺季時提前預約

每年3~10月的旅遊旺季，烏菲茲美術館也是幾乎天天都在排隊，所以建議**提前線上預約**省下寶貴的時間，預約費是€4。
www.firenzemusei.it

佛羅倫斯：烏菲茲美術館

跟隨大師的腳步，走進**文藝復興**的黃金時代。

喬托
(Giotto di Bondone，1267-1337)

陳列地點：A4

喬托被譽為「西方繪畫之父」，為文藝復興的開創者，一直努力於遠近畫法及立體感的畫家，對長期陷於黑暗時期中、見不到出路的藝術創造來說，喬托指引出一條光明之路，同時喬托更重視描繪畫中人物的心理。

《莊嚴聖母》(Maestà)

《莊嚴聖母》中的空間構圖已經非常接近文藝復興早期的畫法，並融入了自然主義的精神，擺脫哥德藝術的形式。是喬托的代表作之一，也有著文藝復興時期第一幅畫的美譽。

《聖母、聖嬰與兩位天使》
(Madonna with Child and two Angels)
利比
(Fra Filippo Lippi，1406-1469)

陳列地點：A9

利比畫聖母都是以佛羅倫斯地區的美女為模特兒，而他自己就和這些模特兒有曖昧關係；但他還是受敬重的畫僧，因為他作畫的特質剛好兼具優美詩意及人性。

《聖母、聖嬰與兩位天使》中，聖母詳和溫柔，聖嬰迎向聖母，而天使則愉快地望向觀畫者；這幅畫的背景風景畫也很值得注意，顯示利比的寫實功力。

陳列地點：A9

　　中世紀時的肖像畫著重於表現人物的社會地位或職位，而文藝復興時期開始重視表現個人的長相特徵，這幅畫就是15世紀同類型作品中嘗試性的第一幅，當時這種雙聯幅畫是可以摺起來像一本書，作為禮物。公爵及其夫人的肖像都只有側面，但非常寫實，尤其是公爵異於常人的鼻子，非常引人側目。

波提且利
(Sandro Botticelli，1445-1510)

陳列地點：A12

　　波提且利是文藝復興早期的畫家，作品大多以宗教故事為題材，畫風細膩、充滿詩意。他受到麥第奇家族的賞賜，因此得到良好的繪畫條件，在佛羅倫斯留下了許多著名的作品。在烏菲茲美術館中，波提且利共有《春神》、《維納斯的誕生》、《毀謗》三幅不朽而偉大的作品。

《春神》(Primavera)
《春神》中，三位女神(美麗、溫柔、歡喜)快樂地舞蹈，春神和花神洋溢詳和而理性的美感，北風追著精靈，但慘綠的北風並無法影響春天帶來的希望和生命。

《維納斯的誕生》(The Birth of Venus)
《維納斯的誕生》更精確地描繪了波提且利心目中的理性美——靈性又帶著情慾；除了維納斯揚起的髮稍、花神帶來的綢緞外，連細膩的波濤也帶來視覺上的享受。

《誹謗》(Calumny of Apelles)
《誹謗》一畫和前兩幅截然不同，是畫家的抗議之聲，愚蠢的國王在「無知」和「猜疑」的讒言下，相信「中傷」、「欺騙」、「詐欺」的不實指控，「仇恨」更來攪局，結果罪犯受到不公平審判(畫家自己的處境)，讓「悔恨」撕衣、「真理」無語問蒼天。一物一景一人都有暗示，達到波提且利意喻畫的最高境界。

達文西
(Leonardo da Vinci，1452~1519)

陳列地點：A35

文藝復興藝術三傑之一，集繪畫、音樂、建築、數學、幾何學、解剖學、生理學、動物學、植物學、天文學、氣象學、地質學、地理學、物理學、光學、力學、發明、土木工程等領域的博學者。

《三賢士來拜》(Adoration of the Magi)

這幅《三賢士來拜》達文西並未畫完，以聖母子為中心、呈同心圓往外構圖，在藝術史上極具開創性。據說畫中最右邊的青年正是達文西自己。

《天使報喜》(Annunciation)

在文藝復興之前的哥德時期，《天使報喜》最常成為畫家的創作主題，這幅達文西早期的作品，把聖母瑪麗亞的右手畫得特別長，從右邊欣賞更為明顯。

自畫像之父杜勒

杜勒是文藝復興時期德國著名的藝術家,一生留下了大量的創作,並且將他在義大利時對文藝復興的深刻認識帶到了歐洲北方,被認為是北方文藝復興的重要人物。此外他也被稱為自畫像之父,《披毛皮大衣的自畫像》因為細緻的筆調和莊嚴的表現張力而成為經典的自畫像。

陳列地點:A42

從德國紐倫堡到義大利習畫的杜勒,在義大利也留下不少作品。《三賢士來拜》中綜合的北方畫派的自然主義、謹慎的細部處理,以及義大利的透視處理手法。

陳列地點:A38

米開朗基羅可說是西洋美術史的巨人,留下許多經典作品,深刻影響後世。而且他的英雄氣質濃厚,個性剛烈,不畏面對局勢的混亂和不公,因此得罪了許多人,但一點都不影響他的偉大。

《聖家族》(Doni Tondo)

米開朗基羅創作甚多,但在佛羅倫斯的創作多屬雕塑,因此收藏在烏菲茲的這幅《聖家族》畫作就顯得很不尋常,線條及豔麗色彩的運用讓人憶起梵諦岡西斯汀禮拜堂的天井畫《創世紀》。更值得注意的是,畫框也是米開朗基羅自己設計的。

讓眼睛休息一下吧!
參觀完東側走廊的畫作,轉進南側畫廊時,透過玻璃窗往下看就是阿諾河和老橋。

佛羅倫斯:烏菲茲美術館

《神聖的寓言》(Holy Allegory)
貝里尼(Giovanni Bellini,1427-1516)

陳列地點:20室

　　這是威尼斯畫派始祖貝里尼的作品中最受注目的一幅。貝里尼把人物像靜物畫一樣處理,加上採取來自法蘭德斯的油彩作畫,使畫面柔和而色彩豐富;神秘大作《神聖的寓言》到底在「寓言」著什麼?

　　畫中的人物都是宗教人物,聖母、聖嬰、聖徒們各據一角,形成有趣的位置關係,更奇怪的是背後的風景,像是虛幻的,不知那是畫中人物正想像著的虛幻世界,還是觀畫者自身添加的幻想;總之,貝里尼在畫下這凝結的一刻時,他丟下了一個神秘的「寓言」,讓大家爭辯它的哲理。

拉斐爾
(Raffaello Sanzio,1483-1520)

陳列地點:A38

　　拉斐爾是文藝復興三傑之一,他的畫作以清秀的人物和優美的筆觸聞名。擅長將宗教題材用世俗化的方式呈現。

《自畫像》(Self-portrait)

這幅自畫像在西洋繪畫史上一直存在著爭議,有的人認為畫中人物不是拉斐爾;也有人認為這幅畫不是出自拉斐爾之手,不過這些疑點完全無法掩蓋這幅畫的出色,含著的表情下可以感受到人物內心的澎湃。

《利奧十世畫像》(Portrait of Leo X)

這幅畫有著威尼斯畫派的筆觸,垂老的神情也非常寫實。

《金翅雀的聖母》(Madonna of the Goldfinch)

《金翅雀的聖母》中的畫法顯然受到達文西及米開朗基羅很大的影響,三角黃金比例的人物安排搭配背景的風景畫是當時流行的佈局方式。

《弗蘿拉》(Flora)
提香(Tiziano Vecellio，約1489-1576)

陳列地點：D22

　　威尼斯畫派第一把交椅的提香，讓大家見識到油彩的魅力，無論畫宗教主題或神話主題，色彩牽動畫面的調性，成就了文藝復興中威尼斯畫派的巔峰。古典的型式、金光的暖色調、詩意的畫面是提香最大特色，在烏菲茲美術館中，可以找到數幅名作，如《弗蘿拉》、《烏比諾的維納斯》，具有成熟、情慾、金色調的理想美人形象，且表情深不可測。

《自畫像》(Self-Portrait)
林布蘭(Rembrandt van Rijn，1606-1669)

陳列地點：D34

　　法蘭德斯光影大師林布蘭的兩幅自畫像，像在為我們透露這位不朽畫家一生的故事。年輕自畫像中的彩度溫暖而明亮，表情自信而無畏，年老自畫像則沉

暗，垂垂老矣的風霜完全刻畫在臉上。

《伊莎貝拉‧班達畫像》
(Portrait of Isabella Brandt)
魯本斯(Rubens，1577-1640)

陳列地點：C14

　　麥第奇家族從未委託法蘭德斯巴洛克畫家兼外交家的魯本斯作畫，但仍收藏了數幅魯本斯的重要作品，包括描繪法皇亨利五世

戰績的巨作，以及這幅色調截然不同的畫像，畫像人物是魯本斯的第一任妻子。

《酒神》(Bacchus)
卡拉瓦喬(Caravaggio，1576~1610)

陳列地點：D31

　　畫風寫實的卡拉瓦喬，在美術史上占了很重要的地位，用色明暗強烈，且創造出一種暴力血腥的魅力。卡拉瓦喬畫過許多幅《酒神》，這一幅似乎是喝醉的年輕酒神，打扮妥當後為畫家擺pose。

延伸景點

從阿諾河畔的老橋，到視野遼闊的米開朗基羅廣場，欣賞佛羅倫斯的古城風光。

 MAP P.123 B2

老橋
Ponte Vecchio

如何前往

從聖母百花大教堂步行前往約12分鐘

這是佛羅倫斯最具特色、也最古老的一座橋，羅馬時代便已橫跨於阿諾河上，名副其實的「老」橋。

老橋因洪水多次破壞而於1345年重建，中世紀建築風格的橋身，原本是屠夫販肉聚集之處，直到16世紀末，麥第奇家族認為統治者經過的地方不應該是如此髒亂不堪，而下令只能開設貴重珠寶金飾的商店。

位於橋中央的半身雕像，是文藝復興的精工之父切里尼，在此欣賞「老橋落日」是佛羅倫斯最美的一景。

橋的其中一側是麥第奇家族秘密通道，內有珍貴的畫家自畫像，據說畫像曾遭竊，現在進入參觀則需預約。

橋中央的半身雕像是本章努托‧切利尼(Benvenuto Cellini)，他是出生於佛羅倫斯的著名工匠。

（cherub）**MAP P.123 C3**

米開朗基羅廣場
Piazzale Michelangelo

如何前往

搭12、13號公車前往

米開朗基羅廣場建於1865到1871年間，因為當時佛羅倫斯獲選為首都而建，建築師約瑟用米開朗基羅當作廣場的標誌，以一比一的比例複製《大衛》，旁邊還有米開朗基羅在麥第奇禮拜堂的著名作品──白晝、黑夜、黃昏及黎明雕刻複製品。

不同於《大衛》原件為大理石，這件複製品為銅雕，就位於廣場正中央，面對佛羅倫斯市區。

廣場旁的一座宮殿式建築內是「La Loggia」咖啡館

這裡是眺望佛羅倫斯市區的絕佳位置，老橋橫跨在阿諾河上，襯著一片紅瓦屋頂。

Did YOU KnoW
真正的「九牛」二虎之力

目前廣場上看到的青銅雕塑群，都是在佛羅倫斯完成創作的。當時是用什麼方法將這座重的雕像運到山上呢？原來1873年時人們用了九對牛才將作品搬至此處。

佛羅倫斯：烏菲茲美術館

Did YOU KnoW

誰與麥第奇家族爭鋒？

碧提宮原是15世紀中葉由布魯內雷斯基為佛羅倫斯的富商路卡‧碧提(Luca Pitti)所建。為的是與麥第奇家族互別苗頭，據說碧提還特別要求宮殿的窗戶都要比麥第奇家族宮殿裡的大，不過碧提的破產使得工程陷入停頓狀態，一個世紀後，麥第奇成為此宮的主人，繼續修築並完成由特利波羅(Tribolo)設計的波波利花園(Giardino Boboli)。

碧提宮
Palazzo Pitti
MAP P.123 A3

如何前往
從聖母百花大教堂步行前往約20分鐘

info
🏠Piazza de' Pitti 1　📞238-8709

🕐碧提宮：週二至週日8:15~18:30；波波利花園：8:15起（11~2月至16:30、3月與10月至17:15、4~5月與9~10月至18:30、6~8月至19:10)

🚫碧提宮：週一、1/1、12/25；波波利花園：每月第一個與最後一個週一、12/25

💰碧提宮3~10月€16、11~2月€10、波波利花園3~10月€10、11~2月€6(線上預約需另加€3預訂費)；另有碧提宮+波波利花園聯票€22、烏菲茲美術館+碧提宮+波波利花園5日聯票3~10月€38、11~2月€18

大型方石砌成的外觀，是佛羅倫斯文藝復興建築的特色

帕拉汀那美術館包括拉斐爾、提香等藝術家的作品，拉斐爾在文藝復興鼎盛時期的作品《椅子上的聖母》和《帶面紗的女士》都收藏在這裡。

　　位於阿諾河南岸的碧提宮曾經是托斯卡尼大公的住所，1919年義大利國王埃馬努埃萊三世把宮殿和館藏一起捐給義大利人民，現在宮內有多座博物館和美術館。帕拉汀那美術館(Galleria Palatina)以麥第奇家族17、18世紀所收購的文藝復興與巴洛克藝術作品為主；現代藝術美術館(Galleria d'Arte Moderna)收藏1784到1924年之畫作；銀器博物館(Museo degli Argenti)內是麥第奇家族的珍玩寶物；服飾博物館(Galleria del Costume)展覽著18到20世紀宮廷服裝的變化。

佛羅倫斯的美食、服飾集散地，購物、用餐一次搞定。

造訪中央市場理由

① 佛羅倫斯的美食集散地

② 買紀念品和伴手禮的最佳地點

③ 佛羅倫斯人氣美食牛肚包

MAP P.123 B1

中央市場
Mercato Centrale

　　中央市場有著超過百年的歷史，是一棟19世紀的鋼筋、玻璃建築，市場內的一樓是生鮮食品專賣區，有各種起士、香料、蔬果、肉類製品等等，所有托斯卡尼道地食材應有盡有，是當地人採買食品的地方，由於來參觀的觀光客不少，有些店家還備有中、法、德、日文的烹飪方式解說，此外，真空包裝也方便觀光客帶回國。

至少預留時間
美食街用餐：1小時
用餐加逛街：1~3小時

從中央車站沿Via Nazionale
步行前往約8分鐘

⌂Piazza del Mercato Centrale
🕐9:00~00:00
🌐www.mercatocentrale.com/
florence

市場的二樓是美食街，有許多異國美食、義大利傳統料理和當地特色小吃，選擇非常多，而且價格都很實惠，逛累了不妨來這裡用餐。

托斯卡尼食材

義大利料理風靡全球，其中托斯卡尼地區又以香料和食材出名，來到這裡當然要買一些特產呀！

營業至半夜的美食街

在歐洲半夜餓了很難找到食物，因為很少有店家開著。所以營業到凌晨的中央市場美食街簡直就是宵夜的救星。

旅程的休息站

中央市場有廁所、免費的wifi、冷氣和座位，點個飲料或是點心就能來這裡休息，而且在這裡用餐也不用服務費，對旅人來說像是綠洲一樣。

佛羅倫斯：中央市場

市場的周圍有占滿整條街道的攤販，販售皮件、包包、圍巾、衣服、飾品等，從上百歐元的高級皮件，到只要5歐元就能買到的皮件都有。

此外還有很多手工藝品和紀念品。在這裡覺得價格稍貴還可以和店家議價，是採買伴手禮和紀念品的好地方。

155

來**聖羅倫佐教堂**緬懷麥第奇家族，再去逛高人氣的**百年藥妝店**。

✝ MAP P.123 A1 **新聖母瑪利亞教堂**
Basilica di Santa Maria Novella

如何前往

從新聖母瑪利亞火車站步行前往約1分鐘

info

📍Piazza Santa Maria Novella 18　📞219-257

🕐10~6月9:00~17:30(週五11:00起，週日與宗教節日13:00起)；7~9月9:00~17:30(週五11:00起，週日與宗教節日12:00起)

💰全票€7.5、優待票€5(含教堂博物館及修道院)

🌐www.smn.it

新聖母瑪利亞教堂於1279到1357年由多明尼各教士所建，因為建在9世紀的聖母祈禱所地基上而得名。從新聖母瑪利亞中央車站走出來，一眼便可以看到這座擁有高聳尖塔的哥德式教堂，沿著教堂外圍走到正面，其立面又呈現仿羅馬式過渡到哥德式的風格。

教堂內部有許多傑出的藝術作品，像是喬托所畫的《十字架》(Crucifix)。主殿左手邊為教堂博物館，其中《綠色迴廊》(Chiostro Verde)、《西班牙大祭壇》(Cappellone degli Spagnoli)都值得一看。

最吸引人的是馬薩其歐(Masaccio，1401-1428)的《三位一體》(Trinity)，這是美術史上最早使用到透視法技巧的作品之一。

教堂內部是全然的哥德式風格，和牆面上所保存的濕壁畫並列教堂的兩大特點。

佛羅倫斯：中央市場

156

聖羅倫佐教堂
Basilica San Lorenzo

如何前往

從聖母百花大教堂步行前往約3分鐘

info

⌖**Piazza San Lorenzo 9** ☎214-042

🕐10:00~17:00(部份日期開放時間有所不同，請上網查詢) ⊘週日、1/1 💲€9

🌐sanlorenzofirenze.it

📱可使用智慧型手機下載語音導覽

羅倫佐圖書館

🕐平日8:15~13:45(週二與週四至17:15)

⊘週末、1/1~1/6、8月的第二至第三週、12/25~26、宗教節日

🌐www.bmlonline.it

羅倫佐圖書館收藏了上萬冊古書，包括珍貴的古代手抄本，都是麥第奇家族的藏書。

4世紀教堂之上，不過教堂正面始終未完工，因此外觀儉樸。

　　聖羅倫佐教堂是麥第奇家族的教區教堂，這座龐大的建築與隔壁的麥第奇禮拜堂相連，教堂本身是由設計出聖母百花大教堂圓頂的的建築師布魯內雷斯基(Brunelleschi)於1421年所建，蓋在古老的

　　教堂內有兩個部分特別值得參觀，其一是由布魯內雷斯基設計、唐納泰羅負責裝修的舊聖物室(Sagrestia)，其二則為米開朗基羅設計的羅倫佐圖書館(Biblioteca Medicea Laurenziana)及階梯。

佛羅倫斯：中央市場

麥第奇禮拜堂
Cappelle Medicee

如何前往

聖羅倫佐教堂的後方

info

⌖**Piazza Madonna degli Aldobrandini 6**

☎064-9430 🕐8:15~18:50

⊘週二、1/1、12/25

💲全票€9、優待票€2；另與巴傑羅美術館、達萬紮蒂宮、聖彌額爾教堂的聯票€21

🌐www.bargellomusei.beniculturali.it

　　麥第奇禮拜堂是是麥第奇家族的陵墓，由聖羅倫佐教堂擴建而成。新聖器室(Sacrestia Nuova)是米開朗基羅所設計，他在1521年接受麥第奇家族的委託，麥第奇墓可說是全新的設計概念，米開朗基

羅擺脫傳統基督徒墓上運用的天使、聖母或基督的雕像，墓上四尊雕像分別代表「白晝」、「黑夜」、「黎明」與「黃昏」，但這只是米開朗基羅的命名，實質上他們就只是人，受苦難的人，為自己的存在而激動著，磨難正是他們的美麗之處。

在「王子聖堂」(Capella dei Principi)裡，長眠了6位麥第奇家族的公爵，多重顏色的大理石鑲令人眼花撩亂，牆上還留有以鉛筆所繪製的草圖。

Officina Profumo-Farmaceutica di Santa Maria Novella

MAP P.123 A2

如何前往

從中央車站步行前往約7分鐘

info

⬤Via della Scala 16 ☎216-276

🕐10:00~20:00 🌐eu.smnovella.com

聖塔瑪莉亞諾維拉香水製藥廠已經傳

承將近8個世紀，雖然其產品已販售至全球，但遊客來到佛羅倫斯多半會來到這間本店朝聖。

13 世紀時，修道士們在教堂內的庭園種植藥草，製成天然的保養、保健及香氛品，用來素洗淨身及祭祀，並提供給修道院內的小醫療所使用。後來成為教廷、皇宮貴族御用品，直到藥廠成立，對外販售，才漸漸發展為世界知名品牌。

其產品項除了香水、皂類等經典商品，還有臉部及身體肌膚的保養、保健用品、草本藥品、保健食品與室內香氛等。

就算不買任何產品，店裡華麗的裝潢和古老的陳設，讓人彷彿是在參觀一座博物館。

聖天使報喜廣場
Piazza della Santissima Annunziata

MAP P.123 C1

如何前往

位於藝術學院美術館旁

這座由布魯內雷斯基設計的廣場，簡單的文藝復興風格成為其他建築師模擬的典範。

而同名的教堂則是在麥第奇家族的贊助下，由米格羅佐於1444至1481年重建，其中較引人注目的是東翼的「孤兒院」(Spedale degli Innocenti)，由布魯內斯

基所建的九道圓拱正面，帶有濃厚的古典風格，其上還飾有羅比亞(Andrea della Robbia)所做的圓形陶飾《裹著繃帶的嬰兒》(Bambini in fasce)，值得細細欣賞。

佛羅倫斯：中央市場

藝術學院美術館
Galleria dell'Accademia

MAP P.123 C1

如何前往

從聖母百花大教堂步行前往約10分鐘

info

📍Via Ricasoli 58/60　☎294-883(預約專線)

🕐週二到週日8:15~18:50　🚫週一、1/1、12/25

💰全票€12、半票€2(線上預約需另加預訂費€4)

🌐www.galleriaaccademiafirenze.it、www.firenzemusei.it(購票網站)

❗想要避開擁擠的人潮,最好在8:00前到達排隊或先預購門票

　　這是成立於16世紀中葉,歐洲第一所教授設計、繪畫及雕刻的藝術學院。美術館成立於1784年,收購13到16世紀的佛羅倫斯畫作,原是做為學生模擬之用,其中最重要者首推米開朗基羅於29歲時雕出的巨作《大衛》,這塊當年無人敢動刀的大理石,被大師的雕刀化為希伯來英雄,從此奠定他在美術史上不朽的地位。

避免大排長龍,先預約吧!

在聖彌額爾教堂、藝術學院美術館旁的書店裡,設有櫃台販售烏菲茲美術館、藝術學院美術館等熱門博物館的預約券,可以指定當天及數日後特定時間的門票。網站上可預約一整年度的任一日期及參觀時段,若使用官網預約,會收到一封電子確認函,只需要印出來,於預約時間前15分鐘抵達美術館入口,並將確認函出示服務人員即可。至少需於1天前預約。

🌐www.firenzemusei.it

佛羅倫斯有三座大衛雕像,米開朗基羅廣場和領主廣場上的都是複製品,因此藝術學院美術館前總是擠滿了來朝聖真跡的排隊人潮。

強波隆納(Giambologna)的《掠奪沙賓婦女》(The Rape of the Sabine Women)原件也存放於此。

《大衛》(David),米開朗基羅

《大衛》可說是米開朗基羅早期創作生命的最高潮,他並沒有依照傳統的形式雕塑大衛以小搏大的形象,反而雕出擊前一刻的年輕大衛,突破了希臘羅馬古典雕塑的限制。米開朗基羅給大衛最符合希臘英雄的完美軀幹,左手垂在直立的左腿旁,顯得鎮定而沈著,右腳往前伸出,右手則高舉到捲曲的髮際,形成開放而有活力的結構,加上堅實的肌肉及緊繃的肌腱,使這尊雕像表現出堅強的意志力,展現了米開朗基羅超越同時代藝術家的純熟技巧。

《聖殤像》(The Palestrina Pietà)，米開朗基羅

米開朗基羅的另一座《聖殤像》也在此展出，聖母扶著死亡耶穌垂軟的身體，在視覺上像是未完成的粗作，而不是細膩的線條，悲痛之感更深。

《奴隸》(Quattro Prigioni)，米開朗基羅

這四座米開朗基羅的《奴隸》雕像展現出被扭曲無奈的痛苦表情，從甦醒到掙扎，反應出米開朗基羅當時受困無出路的心境。

《御下聖體》(Deposition From the Cross)，利比、貝魯吉諾

這幅《御下聖體》最有趣的地方其實是因為這是由不同的畫家所完成的。修士畫家利比(Filippino Lippi)從畫作上方十字架的部份開始作畫，但是只完成了四分之一就過世了，然後是由貝魯吉諾(Pengino)接手完成整幅作品、左下方聖母灰白的臉是最精彩的部分。

佛羅倫斯：中央市場

除了**人氣美食牛肚包**，還有其他好吃的餐館！

Osteria Pepò
義大利料理

 Via Rosina 4/6r

must eat!
各式義大利麵
€11~14
推薦菜

這家位於中央市場附近的小酒館，一到用餐時刻便一位難求，如果沒有事先預定，可能得耗時等候。在這裡用餐，中午和晚上呈現不同的氛圍，由於午餐時間較匆忙，餐廳只在原木桌子鋪上餐墊，並盡量提供單點菜色；到了晚餐就不同了，鋪上桌巾、擺上蠟燭，氣氛顯得浪漫而精緻，由於標榜「家庭式廚房」，用餐環境就像在家裡用餐一樣輕鬆自在。所提供的餐點都是道地的托斯卡尼傳統菜餚。

🚩P.123B1 ☎283-259 🕐12:00~15:00、19:00~22:00
🌐pepo.it

Da Nerbone
牛肚包

 **Mercato Centrale 12-red**

must eat!
牛肚包
€5
推薦菜

Da Nerbone是位於中央市場一樓的熟食店，沒有精緻華麗的店面，提供最道地的民生滋味，那便是熱騰騰的佛羅倫斯牛肚包(Panini con Lampredotto)。
在與中央市場連成一氣的開放式空間用餐，被熱鬧的氣氛給包圍著，大啖佛羅倫斯的常民食物，真的是「大口吃肉，大口喝酒」的豪邁體驗！雖說這裡是以提供動物的腸肚熟食為主，但自1872年就已開店的Nerbone，仍是有自己的獨到配方，那就是把牛肚在前一天以酒醃漬，烹調後更增肉質的香醇。若不敢吃內臟，也可以選擇牛肉包(Panini con Bollito)。

🚩P.123B1 ☎648-0251 🕐8:30~15:00 🛑週日

Lupen and Margo
牛肚包

must eat!
牛肚包
€5
推薦菜

 **via dell' Ariento banco n. 75**

來到佛羅倫斯一定要吃牛肚包，中央市場內的Da Nerbone是很多人推薦的百年老店，但是市場外還有另一個選擇！Lupen and Margo是台小小的餐車，因為位在轉角、隨時都有人潮聚集，所以很好找到。餐車上可以看到由客人留下不同語言的推薦字條，當然包括了台灣同胞的推薦！事實上許多人認為Lupen and Margo的口味比起Da Nerbone更適合台灣人，口味更重，尤其加上特製的辣椒不但去腥味，讓牛肚包更像是台灣的夜市小吃了！

🚩P.123B1 🕐9:00~17:00 🛑週日

航向威尼斯的偉大航道

如何前往

飛機

　　威尼斯附近有兩座機場，馬可波羅機場 (Aeroporto Marco Polo，代號VCE)是義大利東北地區的主要機場，位於威尼斯以北7公里處，一般的國際航班、歐洲及義大利航班都於此降落。另一座機場是特雷維索機場(Aeroporto di Treviso)，多為包機和歐洲廉價航空使用，一般旅客較少前往。

◎馬可波羅機場：**www.veniceairport.it**
◎特雷維索機場：**www.trevisoairport.it**

火車

　　威尼斯有兩座國鐵火車站，一般來說從義大利主要城市或是歐洲內陸前往威尼斯的火車，會先後停靠大陸的麥斯特雷(Mestre)火車站和威尼斯本島的聖露西亞火車站(Stazione di Santa Lucia，簡稱VE S.L.)，從聖露西亞火車站前方可轉接水上巴士至威尼斯本島各區或其他離島。

　　麥斯特雷離威尼斯有一段距離(約6公里)，火車車程約10分鐘，也可於麥斯特雷火車站前搭2號公車往返威尼斯，由於威尼斯物價貴得驚人，因此很多人選擇在麥斯特雷住宿。從羅馬搭火車到

威尼斯約3.5~6小時,從米蘭或佛羅倫斯搭火車各需2~3小時。

從機場進入市區

巴士

有兩家巴士公司提供往來馬可波羅機場和威尼斯羅馬廣場(Piazzale Roma)間的交通服務,都在入境大廳的B出口外搭乘。ATVO每30~40分鐘發一班直達車,車程約20分鐘,單程票價€10,來回€18;ACTV經營的AeroBus 5號也同樣班次頻繁,車程約30分鐘,單程€10,來回€18,並包含90分鐘內有效的ACTV水上巴士航程。

特雷維索機場有配合班機起降的巴士,ATVO巴士連接麥斯特雷(Mestre)和威尼斯羅馬廣場,車程約60分鐘,單程€12,來回€22。

◎ATVO:www.atvo.it
◎ACTV:www.actv.it

水上巴士

從馬可波羅機場至威尼斯市區也可以搭乘Alilaguna水上巴士,有三條航線可搭乘,每30分鐘一班次。紅線前往聖馬可區約需70分鐘,僅於4~10月運行;藍線經慕拉諾島(Murano)和麗都島(Lido)前往聖馬可區約需90分鐘;橘線前往大運河的利雅德橋約60分鐘。船票單程€15,來回€27,在機場和碼頭之間有免費接駁巴士穿梭。船票可於機場售票窗口或是碼頭購買。

◎Alilaguna水上巴士:www.alilaguna.it

Did YOU KnoW

郵輪再也不能進威尼斯本島了!

想要搭乘郵輪來威尼斯的人們請注意!因為交通事故頻繁,加上有破壞環境的疑慮,威尼斯自2019年9月開始將禁止郵輪進入本島的水道,原本停靠威尼斯本島的郵輪也必須改至離本島數公里外的其他港口停靠。依照每天4~5班大型郵輪的運量來看,每天都有上萬名遊客受到影響。

計程車

從馬可波羅機場搭乘一般計程車前往威尼斯的羅馬廣場車程15分鐘,約€40,如果搭乘水上計程車可直接抵達中心區,但要價可能高達€100以上。

從特雷維索機場搭乘計程車前往威尼斯的羅馬廣場大約70分鐘的時間,車資約€80,前往特雷維索火車站則約€20。

威尼斯行前教育懶人包

INFO

基本資訊

人口：249,999 **面積**：415,9平方公里 **區碼**：(0)41

城市概略

　　威尼斯是建築在潟湖上的城市，呈倒S型的大運河是貫穿本島的交通命脈，隨著大運河出海口的聖馬可廣場是威尼斯的政治重心，廣場周圍也是最熱鬧的區域。金碧輝煌的宮殿、教堂建築，搖曳海上的浪漫生活，再加上面臨沉沒消失的危機，造訪威尼斯的遊客始終絡繹不絕。

氣候

　　威尼斯是世界上最受觀光客喜愛的義大利城市之一，在藝術上，不但成為文藝復興第三大中心，也出現了所謂的威尼斯派。威尼斯是維內多省的省會，然而在水都輝煌之前，省內的維洛納、威欽查與帕多瓦在羅馬帝國的殖民下，早已過著文明的生活。

	1月	4月	7月	10月
平均高低溫	6.4/1.1℃	16.2/9.7℃	27.8/20.3℃	18.3/11.3℃
平均日照	5hr	10hr	13hr	7hr
雨量	59mm	64mm	53mm	67mm

關於威尼斯的住宿

◎寸土寸金的威尼斯，加上終年遊人如織，可以說沒有一間旅館是便宜的。如果選擇住在本島，雖然依傍著水邊，增添不少浪漫，距離主要景點也近，但這些房子多半老舊，相對於昂貴的物價，要有CP值不高的心理準備。住在交通船方便的離島，是比較好的選擇。

◎春、秋觀光旺季和冬天的嘉年華前後，旅館費會上漲3-4成，甚至翻倍，如果你厭惡威尼斯的高價與擁擠的人群，可以住到衛星城市麥斯特雷(Mestre)，甚至更遠的帕多瓦(Padova)。麥斯特雷距離威尼斯約10分鐘的火車車程，帕多瓦約30分鐘。

◎位於聖露西亞車站東邊的Cannaregio區，是旅館主要聚集地，從平價旅館到4星飯店都有，這一區的好處是不必拉著行李爬上爬下。此外聖馬可廣場的北側通往利雅德橋的路上及東邊的Castello，也是可以選擇的區域。

◎距離聖露西亞火車站的遠近，以及附近是否有水上巴士停靠，這兩個條件必須有一個符合，否則初來乍到，拖著大行李，每過一條橋都是痛苦折磨，在訂旅館前，建議確定旅館所在方位。

觀光優惠票券好用嗎？

威尼斯有幾種優惠票券，讓你通行博物館、教堂等景點：

博物館通行證Museum Pass

適用於10座威尼斯市立博物館(包含聖馬可廣場博物館通票、自然史博物館、佩沙洛宮、玻璃博物館、蕾絲博物館、現代藝術美術館等)，全票€40，優待票€22，半年內有效。

🔗www.venice-museum.com/venice-museum-pass.php

教堂卡Chorus Pass

可進入16座威尼斯的教堂，1年內有效，全票€14(這些教堂的單一門票皆為€3)。卡片可在任何一座參與教堂或官網上購買。

🔗www.chorusvenezia.org

威尼斯卡Venezia Unica City Pass

威尼斯卡是一種共通票券儲值卡的概念，你可以根據個人需求，購買聖馬可廣場博物館通票、

教堂卡、博物館通行證、水上巴士通行證等各種組合，甚至旅遊行程及商店折扣優惠也能加入你的選購組合中，每一種組合都有不同程度的優惠。是一種彈性相當高的客製化優惠卡，使用期限則視購買品項而定。可直接於遊客中心或Venezia Unica購卡，也可於官網選購，以密碼至碼頭或火車站旁的自動售票機取卡。

🔗www.veneziaunica.it

威尼斯的遊客中心在哪裡

聖馬可廣場旅遊服務中心
📍Piazza San Marco 71/f
📞529-8711 🕐9:00~19:00
🔗www.veneziaunica.it

馬可波羅機場旅客服務中心
📍機場入境大廳
🕐8:30~19:00

聖露西亞火車站旅客服務中心
📍Cannaregio 54 C-D
🕐7:10~21:00

羅馬廣場旅客服務中心
📍c/o negozio adiacente Agenzia
📞272-2283 🕐7:00~20:00

威尼斯市區交通

步行

　　威尼斯市區可以步行方式遊覽，穿梭在迷宮般的街道，地圖的作用不大，學會看路上的指標相對重要。記得把握一個原則：在重要小廣場或街弄的交叉口，都會貼著黃底黑字的指標。指標就以威尼斯四個最重要的地標來辨認方向，PER RIALTO(利雅德橋)、ALLA FERROVIA(聖露西亞火車站)、PIAZZALE ROMA(羅馬廣場)和PIAZZA SAN MARCO(聖馬可廣場)。

　　威尼斯本島分為六大區，分別是Cannaregio、Castello、San Marco、San Polo、Dorsoduro、Santa Croce，當你跨過每一座步行橋，都會有白色的牌子提醒你身處哪一區，這也是辨認位置的好方法。

ACTV水上巴士

　　威尼斯市區的水上巴士由ACTV營運，水上巴士以vaporetti和motoscafi兩種船隻穿梭於大運河以及潟湖之間的各小島，是當地最方便的移動方式。

　　基本票價單程為€9.5，75分鐘之內有效，超過一件大行李需要加價。車票可在碼頭和火車站的自動售票機、旅遊服務中心或Venezia Unica售票處購得。除單程車票外，也可使用威尼斯卡(Venezia Unica City Pass)儲值優惠通行證，1日€25、2日€35、3日€45、7日€65等，這些通行證可同時使用於ACTV經營的陸上巴士。若你是29歲以下的青年，建議先持護照至遊客中心或Venezia Unica售票處購買一張€6的Rolling Venice Card，憑此卡加購3日水上巴士券只要€27。

　　水上巴士的船票若不是馬上使用，記得告知售票員不要打上日期，使用前再自行到碼頭旁的黃色戳印機打票，使用Venezia Unica則記得上船要感應過卡。

ACTV

⊙ Piazzale Roma

🌐 actv.avmspa.it

1號線

　1號線於火車站右邊碼頭搭乘，穿行經大運河抵達麗都島，營運時間約為5:00~00:00，大約每10~20分鐘一班。

2號線

　2號線於火車站左邊搭乘，穿越大運河後，再由本島南側繞回羅馬廣場；4.1號和5.1號在火車站右邊碼頭搭乘，不行駛於大運河，繞行於威尼斯本島的外側。

Alilaguna水上巴士

　Alilaguna水上巴士是與ACTV共用碼頭的私人巴士，總共五條航線，約每30分鐘一班。紅線僅於4~10月運行，前往San Marco、Lido、Murano以及馬可波羅機場；藍線連接火車站至馬可波羅機場，中途經過Záttere、San Marco、Lido、Fondamente Nove及Murano；橘線連接火車站與馬可波羅機場，中途經過Rialto與S. Maria del Giglio；粉紅線連接Mestre的San Giuliano與威尼斯的Canale delle Sacche及Fondamente Nove；綠線則是往來Murano、Burano和Torcello之間。費用方面，由San Marco前往Murano約€10，費用包括一件大型行李與一件手提行李。

Alilaguna水上巴士

⊙ Isola Nuova del Tronchetto 34

📞 240-1701　🕐 8:00~19:20　🌐 www.alilaguna.it

渡輪Traghetto

　大運河上只有4座橋分別位於羅馬廣場、火車站、Rialto和藝術學院，所以如果在這四個地方之外想要過河到對岸，最方便省時的方式就是搭乘渡輪（gondola ferries），票價€2。渡輪路線包括：聖馬可和Salute、Santa Maria del Giglio和Salute、San Barnaba和San Samuele、San Tomà和Santo Stefano、Riva del Carbon和Riva del Vin、Santa Sofia和Pescerìa、San Marcuola和Fondaco dei Turchi，以及火車站和San Simeone之間。各路線運行時間不定，比較多人使用的路線每天7:00~20:00，其他可能只行駛到中午，你只需要循著「Traghetto」指示牌就能找到乘船處，無須買票，直接在下船時將船資支付於船夫即可。

貢多拉Gondola

　坐一趟浪漫的貢多拉需事先詢問並談定價格及船行時間，一艘船最多坐5位乘客，可以和其他旅客共乘來分攤費用，費用上30分鐘每艘船約€80元，19:00~3:00之間每艘船約€100。2023年11月起預計調整為30分鐘每艘船約€90，19:00~3:00之間每艘船約€110。

水上計程車 Water Taxi

　威尼斯的水上計程車幾乎可以穿行於威尼斯所有運河之間，但它們的收費同時也非常昂貴。水上計程車以4人為收費標準，每多一人多收€5，多一件大型行李多收€5，此外夜間還加收€10的費用。你可以在線上預約叫車、招呼站叫車，或是打電話叫車，但值得注意的是，電話叫車得另收€5的費用。

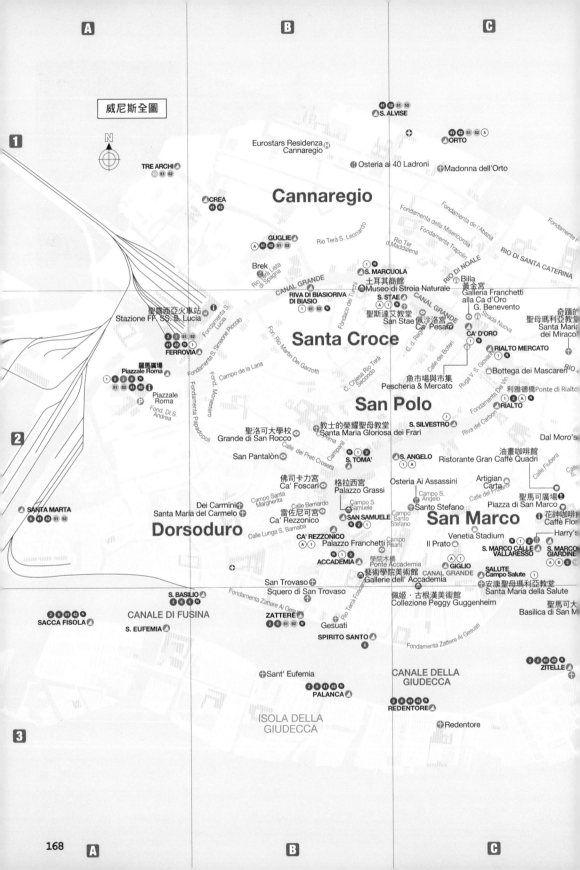

D　　　　　　　　　**E**　　　　　　　　　**F**

往慕拉諾島Murano↗

CIMITERO ◎
41 42

1

◎景點　✚教堂　⊙學校　✚醫院　⚓碼頭　⊕廣場　🏛博物館　ℹ旅客服務中心
51 水上巴士號碼　🚂火車站　🏨飯店　🏪商店　☕咖啡館　🍴餐廳

**ISOLA DI SAN
MICHELE**

往布拉諾島Burano↑

12 13 41 42 51 52 B
FONDAMENTA NUOVE

**CANALE DELLE
FONDAMENTA NUOVE**

Fondamente Nove

22 41 42 51 52 B
OSPEDALE ◎

RIO DEI MENDICANTI
✚

✚聖喬凡尼與聖保羅教堂
Santi Giovanni e Paolo
Salizz. S.S. Giov. e Paolo

41 42 51 52
CELESTIA ◎

22 41 42 51 52 B
BACINI ◎

RIO DE LORENZO
沉船書店

Borgolocco S. Lorenzo

Castello

爾摩沙聖母教堂
nta Maria Formosa
dei Sospiri

RIO DEL GRECI

聖扎卡利亞教堂
San Zaccaria

Anticlea
Antiquariato
Jolly
L'Aciugheta

Riva degli Schiavoni

41 42 51 52
S. PIETRO DI CASTELLO ◎

2

SAN MARCO
SAN ZACCARIA
B N 1 2 14
15 M 41 42 51 52

ARSENALE ◎
B 1 41 42

🏛海洋歷史博物館
Museo Navale

宮
azzo Ducale

2 N
IORGIO

✚聖喬治馬喬雷教堂
San Giorgio Maggiore

GIARDINI ◎
1 N 6

**ISOLA DI SAN
GIORGIO
MAGGIORE**

聖馬可運河
CANALE DI S. MARCO

GIARDINI BIENNALE ◎
6 41 42 51 52

🏛Giardini della Biennale

**SAN
CLEMENTE**

**SAN
SERVOLO**

S. ELENA ◎
1 N 6 51 52
41 42

N
⊕

3

永遠的水都

威尼斯
Venice

● 威尼斯

即使早已過了海上霸權的年代，威尼斯所展現出來的氣勢仍舊是獨樹一格，頹廢與華麗的美感並存，迷離的情調勾引來自全世界的遊客，而這一整片島群，就彷彿與世隔絕，獨自過著屬於威尼斯的慵懶歲月。

它的魔力，一年四季無所不在，不管霪雨霏霏，還是陽光燦爛，或者深冬冰冷、薄霧籠罩，威尼斯總是千嬌百媚，風姿綽約。頭戴草帽、身著藍白條紋衫的船夫腳點堤道，彎腰撐篙，黑色貢多拉悠悠地離了岸，隨著水波慢櫓擺盪，船上遊客或撫舷賞景，或對飲香檳。穿梭在縱橫交錯的水道上，教堂宏敞，宮殿鮮華，還有那古老斑駁的屋宇，千姿百態的橋樑，聖馬可廣場上的大教堂、鐘樓、總督府…聞著咖啡香，水都的一切彷彿都融入了童話世界的虛幻場景。

搭乘水上巴士穿越威尼斯，
欣賞水都的每個浪漫角落。

威尼斯：大運河與水上巴士之旅

大運河與水上巴士之旅
MAP P.168
Tour of Water Bus

造訪大運河與水上巴士理由

1 一次**看遍**大運河上的所有景點

2 威尼斯的**最佳體驗**

3 島上除了步行唯一的交通方式就是搭船

　　彎曲的大運河以優美的倒S線條貫穿威尼斯本島，是水都威尼斯主要的交通幹線，長度約有4公里，卻只有三座橋橫跨兩岸，所以船隻是最重要的代步工具。大運河也是最主要的觀光路線，沿著這條運河的兩岸有將近兩百棟的宮殿和七座教堂，更是昔日輝煌共和國時期的門面，搭船遊趟大運河，可將威尼斯各時代最美麗的建築盡收眼底。

威尼斯是由118個小島所組成，大約多達四百座各式各樣的橋樑串起這個水上城市。

搭乘貢多拉悠悠晃晃悠悠的穿梭水都相當浪漫，但價格並不便宜。

至少預留時間
全程在船上欣賞大運河風光：1小時
沿途上岸參觀：3小時

◐大約每10分鐘一班 ⑤單程€9.5、一
日票€25、二日票€35、三日票€45，七日
票€65；持Rolling Venice Card三日票
€27。 ⓦactv.avmspa.it

搭水上巴士1號線

小心受罰~尊重威尼斯運動！
威尼斯作為全球最受歡迎的觀光地之一，在名利雙收的同時也深為龐大的人潮與旅客脫序行為所苦，於是當地政府制定了一套遊客守則名為「Enjoy Respect Venice」，宣導海報張貼在城市各角落，以文字與圖示告誡遊客不可在階梯上野餐、不可在運河內游泳、不可亂扔垃圾、不可穿泳衣上街、不可餵食鴿子及不可騎自行車等規定，廣場及各知名景點也都有義工進行勸導，違者可是會被罰款25至500歐元的喔！

怎麼玩
大運河與水上巴士之旅
才聰明？

渡河小船Traghetto

搭乘貢多拉的價格不便宜，想省錢又想體驗搭乘小船可以選擇當地人的渡河交通工具Traghetto，一趟才€2，方便又便宜。

離島

威尼斯除了本島外，還有布拉諾島、穆拉諾島等離島景點，這些地方都有水上巴士可以抵達，千萬不要錯過了。

以便利性和價格親民而言，水上巴士船是最方便的交通工具。

威尼斯：大運河與水上巴士之旅

大運河流經之處盡是威尼斯繁華的代表，一座座宮殿矗立在運河兩岸，將遊客拉回到鼎盛時期的威尼斯。

174

從羅馬廣場到聖馬可廣場，美麗的建築盡收眼底。

在眾多不同路線中，以1號巴士船最受到觀光客的歡迎，它的行駛路線從羅馬廣場、聖露西亞車站，沿途經過利雅德橋抵達聖馬可廣場，再繼續前往麗都島，幾乎每十到二十分鐘就有一班船，你可以選擇在任何一站上下船，十分方便。

01 羅馬廣場與聖露西亞車站
P.le Roma & Ferrovia

羅馬廣場是1號水上巴士的起點，也是對外長途或區域巴士的總站，廣場上有一座大型停車場，如果開車來威尼斯，車子就停在此地。

Ferrovia是1號水上巴士的的第二站，也就是聖露西亞火車站所在位置，火車站對面的淺綠圓頂教堂為聖小西門教堂(Chiesa di S. Simeon Piccolo)，建於18世紀，仿自羅馬的萬神殿。

火車站旁的第一座橋為赤足橋(Ponte degli Scalzi)。

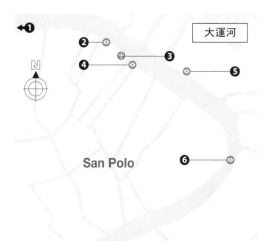

大運河

San Polo

San Marco

◉景點 ✚教堂

02 土耳其商館
Fontego dei Turchi

建於13世紀的土耳其商館，1381年由費拉拉公爵買下，作為土耳其商人的倉庫，隨著貿易衰退，土耳其商館也逐漸荒廢，後來才由詩人及藝術評論家魯斯金(John Ruskin)重建，回復昔日的光輝。這棟建築的二樓目前是自然歷史博物館(Museo di Storia Naturale)。

🚤搭水上巴士1號線在S. Stae站下 📍Santa Croce 1730 ☎270-0303 🕐11月~5月：9:00~17:00；6月~10月10:00~18:00(最後入場為閉館前1小時) 🚫週一 💰全票€10、半票€7.5 🔗msn.visitmuve.it

Did YOU KnoW
拯救威尼斯沉沒命運的「摩西計畫Moses」！

由於地基一直下沉，加上全球暖化帶來的海平面上升，威尼斯將沉沒的消息已不是新聞，專家甚至預言最快在2050年威尼斯就會完全沒入海中，所以義大利政府於2003年就展開一項名為「摩西計畫Moses」的龐大水利工程，試圖在海底修建78座水閘，形成活動防坡堤阻止海水淹進威尼斯潟湖中。這項水利計畫爭議不斷，有人擔心對威尼斯潟湖原有的生態環境造成衝擊，更有學者指出這項計畫根本無法真正阻止下沉，最慘的是由於貪腐及追加成本使得完工遙遙無期，不知哪一年才得以真正派上用場啊！

03 聖斯達艾教堂
Chiesa di San Stae

這座巴洛克式教堂外觀裝飾著珍貴及豐富的大理石雕刻，17世紀完成的內部裝飾則可看出受到帕拉底奧的影響。如今是舉行音樂會的場所，教堂內部陳列18世紀早期的威尼斯畫作。

🚤搭水上巴士1號線在S. Stae站下 📍Salizada San Stae 1982 🕐週三與週四14:30~17:00 💰€3.5 🔗chorusvenezia.org

上船前一定要確認價格！

在威尼斯搭乘貢多拉是必體驗的活動，一艘船最多乘坐5位乘客，可以和其他旅客共乘來分攤費用，基本上每艘船30分鐘航程的官方報價為€80，19:00~3:00之間每艘船約€100。2023年11月起預計調整為30分鐘每艘船約€90，19:00~3:00之間每艘船約€110。為了避免糾紛，上船前一定要和船夫再次確認價格。

04 佩沙洛宮 Ca' Pesaro

這座建於17世紀的雄偉巴洛克式宮殿是由隆格納(Longhena)設計，前後費時58年建造，並由兩位建築師完成。這是聖馬可大法官佩沙洛的宅邸，正立面的長柱採脫離牆面的方式，底層的大方石切割成鑽石狀，使整幢建築看起來氣派又立體。

此宮內部為現代藝術博物館及東方博物館，前者收藏20世紀歐洲畫家的作品，包括克林姆(Klimt)、夏卡爾(Chagall)、康丁斯基(Kandinsky)等人；東方博物館則展示日本和中國來的服裝、象牙雕刻、武器及字畫等。

🚤搭水上巴士1號線在S. Stae站下 🏠Santa Croce 2076 📞721-127 🕐11~3月：10:00~17:00；4~10月：10:00~18:00 ❌週一 💲全票€10、優待票€7.5 🌐capesaro.visitmuve.it

黃金宮的外牆原本貼著金箔，儘管已經失色，然而它精雕細琢的窗台仍然十分驚豔，典型的威尼斯哥德式建築，是大運河上最美的宮殿之一。

05 黃金宮 Galleria Franchetti alla Ca d'Oro

1420年威尼斯的貴族孔塔里尼(Marion Contarini)興建這棟豪宅時，用了當時最昂貴的塗料，還加入了金箔，使得外牆有如同黃金般耀眼奪目，但是多年來經過屢次的修改和整建，再加上大水的不斷侵蝕，黃金屋已經褪色不少。尤其是1864年，一個俄國芭蕾舞伶成為屋主時，像發瘋似的大肆破壞這間屋子，後來在1915年由法蘭克提男爵將它捐給威尼斯政府之後才得以保存，而成為今日的美術館。黃金屋宮所收藏的多半是15世紀的雕塑及繪畫。

🚤搭水上巴士1號線在Ca d'Oro站下 🏠Cannaregio 3932 (Strada Nuova) 📞520-0345 🕐10:00~19:00(售票至18:30) ❌週一 💲部分樓層整修期間門票半價優惠，全票€6、優待票€2，展覽期間門票價格依展覽異動 🌐www.cadoro.org

06 利雅德橋
Ponte di Rialto

原本建於13世紀的木橋是威尼斯本島第一座橋樑，15世紀中因為一次大型活動，橋上民眾太多而踩壞了木橋，才開始擴建。水都經過了70多年的比稿與爭論之後，終於在1591年完成這座石橋，當年建橋過程中所耗掉的經費，換算成今天的歐元，相當於2,000萬。

🚤搭水上巴士1號線在Rialto站下

屬於文藝復興風格的利雅德橋，白色的身影高雅地橫跨於大運河上，不只橋上店家林立，兩旁活潑的市場及餐廳更是經常聚集大批人潮。

07 佛司卡力宮
Ca' Foscari

此宮是西元1437年時，為當時的總督佛司卡力而建，而且和隔壁的裘斯提安宮(Palazzo Giustinian)緊緊相連而成雙子宮殿。其蛋型尖拱窗和鏤空十字葉裝飾説明了它的哥德風格，最上層的尖拱則呈三葉狀，是威尼斯當地發展出的特殊形式，屬於後期威尼斯哥德建築風的成熟表現。這座建築目前為威尼斯大學所使用。

🚤搭水上巴士1號線在S. Toma站下

08 雷佐尼可宮
Ca' Rezzonico

這座看起來和佩沙洛宮非常神似的宮殿，也是屬於17世紀的巴洛克式建築，兩者的宿命也很相像，原本都是由水都的巴洛克建築大師隆格納所設計，卻在蓋完第一層時他就與世長辭，因此由別人來繼續。此宮搜集了18世紀威尼斯的家俱和畫作，以及提波羅(Tiepolo)的溼壁畫。

🚤搭水上巴士1號線在Ca' Rezzonico站下 🏠Dorsoduro 3136 ☎241-0100 🕐11~3月10:00~17:00；4~10月10:00~18:00 🚫週二 💲全票€10、優待票€7.5 🌐 carezzonico.visitmuve.it

09 學院木橋 Ponte Accademia

當船行到了學院木橋就是快到達大運河尾端，續往前行就是最熱鬧的聖馬可廣場，而且也會看到威尼斯的離島。位於學院木橋旁的白色新古典風格建築，就是藝術學院美術館。

🚤搭水上巴士1號線在Accademia站下

水上搖曳的浪漫詩歌－貢多拉Gondola

貢多拉是威尼斯最具代表性的傳統木船，最特別的是船隻的左右兩邊不對稱，船身向右傾斜，船夫則站在左側船尾划船，因此船總是側一邊向前行進。船頭以六齒梳裝飾，據說最上面代表威尼斯總督的帽子，下面六齒則代表威尼斯的六個行政區。從前船上有各式各樣奢華的裝飾，直到16世紀當地律法限定貢多拉的華麗程度，並且規定船隻一律是黑色的，而成了現今的模樣。昔日船夫的行業是父子傳承，現在則需要經過考試取得牌照，標準裝扮是一件紅白或藍白條紋襯衫搭配草帽。

10 佩姬古根漢美術館 Collezione Peggy Guggenheim

這棟一層樓的18世紀花園別墅是威尼斯少有的單層建築，1949年被美國的富家女佩姬古根漢買下來，館內共有200多件現代繪畫和雕塑名作，包括畢卡索、達利、夏卡爾等人的作品，這裡的現代藝術和威尼斯畫派截然不同。美術館的花園裡有排列整齊的雕塑，佩姬古根漢過世後也葬在此地。

🚤搭水上巴士1號線在Accademia 或 Salute站下 　🏠Dorsoduro 701-704 　☎240-5411 　🕐10:00~18:00 　❌週二 　💲全票€15、65歲以上長者€14、優待票€9 　🌐www.guggenheim-venice.it

11 安康聖母瑪利亞教堂
Basilica di Santa Maria della Salute

1630年時黑死病第二次侵害威尼斯，奪走約45000人的生命(約1/3人口)，當時的元老院立下誓言，若聖母能解救他們逃離此劫，就蓋一座教堂奉獻。黑死病過後，這座華麗的圓頂教堂，由隆格納大師操刀設計，展現水都巴洛克風格的極致。可惜的是隆格納去世之後5年，這座擁有八角形外觀的紀念性教堂才終於落成，前後共費時長達半個世紀。不過大師的心血並沒有白費，如今它已成為水都大運河畔最具代表性的地標之一。

🚤搭水上巴士1號線在Salute站下 📍Dorsoduro 1 ☎274-3928 🕐4~10月：9:00~12:00、15:00~17:30；11~3月：9:30~12:30、15:00~17:30 💲聖器收藏室€6、圓頂室€8、聖器收藏室+藝廊€10 🌐basilicasalutevenezia.it

威尼斯哥德式建築
威尼斯的建築因為蓋在潟湖上，不能太重，因此和歐陸的建築比起來較為輕盈和細緻。到了文藝復興時期貿易發達，因此受到東方的拜占庭和伊斯蘭文化影響，這些影響體現在建築上就發展出了獨特的威尼斯哥德式風格。像是拜占庭式圓頂、涼廊和窗飾都是重要的元素。最具代表性的建築就是總督宮和黃金宮。

教堂內部同樣有著價值連城的畫作，在聖器收藏室內有數幅提香的畫作及丁特列多的《迦納的婚禮》(The Marriage of Cana)。

在聖馬可廣場遠眺夕陽西下的威尼斯黃昏時，就可看到教堂最美麗的剪影。

威尼斯：大運河與水上巴士之旅

搭著水上巴士遊遍威尼斯，
離島景點也別錯過了！

MAP P.168 B2

聖洛可大學校
Scuola Grande di San Rocco

學校於1564年舉行室內裝飾的競賽，丁特列多直接將他的作品《聖洛可的榮耀》(San Rocco in Gloria)獻給聖洛可，並因此獲得在內牆及天花板上作畫的機會。

如何前往

搭水上巴士1、2、N號線在S. Toma站下

info

⌂San Polo 3052

☎523-4864 ⏰9:30~17:30

💰全票€10、優待票€8

🌐www.scuolagrandesanrocco.it

聖洛可生於南法，到義大利朝聖並幫助瘟疫患者，死後被封為聖人而成為保護水都不受瘟疫侵襲的守護神。而這種教會所創立的「學校」(Scuola)是威尼斯特有的組織，是兄弟會為貧病階級提供援助之慈善機關，但由於接受各方捐贈使得這些學校變得很富有。

聖喬治馬喬雷教堂
Chiesa di San Giorgio Maggiore

如何前往

搭水上巴士2、N號線在S. Giorgio站下

info

🚏 Isola di S.Giorgio Maggiore 30124

🕐 4~10月9:00~19:00；11~3月8:30~18:00。

💶 教堂免費，鐘塔全票€8，優待票€5

　這座漂亮的教堂出自大師帕拉底奧(Andrea Palladio)之手，是典型的帕拉底奧式建築，他在威尼斯重現一系列古典風格的建築，是建築界一個重要的里程碑。可惜大師未能看到完工後的模樣。中世紀的威尼斯開始與東方通商，發展出屬於自己獨特的建築風格，例如威尼斯的哥德式風，就是一種混合了拜占庭圓頂、伊斯蘭尖塔及哥德式拱門、四葉飾雕刻的建築。

除了建築，教堂內也有大師丁特列多的藝術品，分別是《最後的晚餐》(Ultima Cena)、《天上的馬納》(Caduta della Manna)，及《卸下聖體》(Deposizione)。

帕拉底奧打破當時以哥德式為主流建築的風潮，在威尼斯呈現古典建築簡約和諧的特徵，並運用類似古羅馬浴場的設計來打造這座教堂。

　位在離島的聖喬治馬喬雷教堂，遠離了主要觀光區，觀光客相對較少，一旁碼頭靜靜地停滿船隻，更顯出此處的僻靜。

威尼斯：大運河與水上巴士之旅

穆拉諾島
Murano

MAP P.183

義大利
Italy

布拉諾島
Burano

慕拉諾島
Murano

•威尼斯

如何前往

搭水上巴士3、4.1、4.2、7、12、13、N號線在
Murano Faro站下

　　穆拉諾島位於威尼斯北邊約1.5公里
處，以出色的玻璃工藝出名，和有彩色島
之稱的布拉諾島同為威尼斯最受觀光客
歡迎的離島。這裡的玻璃工藝始於13世
紀，因為安全和土地有限等問題，威尼斯
共和國想要撤出本島的玻璃工廠，於是
選中了離本島不遠的穆拉諾島，從此奠
定了穆拉諾島玻璃製造業中心的地位。
16世紀時穆拉諾的工匠們發現在製作過
程中可以添加化學物質來改變玻璃的顏
色，於是原本透明無色的玻璃多出了數十
種顏色的變化。

認明產地！
要注意的是即使在穆拉諾島上也有可能買到來自其
他產地的次級品，兩者之間有明顯的價差，所以很
容易分辨。

威尼斯：大運河與水上巴士之旅

雖然已經盛況不再，當然還是有
許多的玻璃製品店。

如今島上的玻璃製造業

有的工廠還是開放式的，可以欣賞
工匠純熟的技藝，也有一些觀光工
廠提供教學和DIY。

在威尼斯發達的貿易下，這些
美麗的七彩玻璃製品很快就風
靡全歐洲，於是穆拉諾島的玻
璃就這麼打響了名號。

 玻璃博物館
Museo del Vetro

來到穆拉諾島當然不能錯過玻璃博物館，博物館內收藏了從島上開始製造玻璃以來，數百年間許多的美麗玻璃製品，讓人讚嘆工匠們精湛的手藝。此外還介紹了穆拉諾的玻璃工藝和輝煌的歷史。

⏱11~3月10:00~17:00，4~10月10:00~18:00。 💲全票€10、優待票€7.5 🌐museovetro.visitmuve.it

Did YOU KnoW

被視為國寶的玻璃藝師不准搬家！

16世紀初發明彩色玻璃技術的穆拉諾島玻璃藝師們被威尼斯共和國視若珍寶，當時整個歐洲的玻璃製品幾乎以威尼斯為首，穆拉諾儼然成為高級玻璃製品的代名詞，所以這批玻璃藝師們在威尼斯自然享有崇高地位，除了收入頗豐、享有豁免權外，在當時門第階級森嚴的社會中女兒甚至能嫁入高門大戶，唯有遷徙的自由被國家所管制，為了讓威尼斯可以繼續稱霸玻璃產業，這批被視為國寶的玻璃師傅們在當時被嚴格禁止搬離穆拉諾島，違者可是要重罪伺候呢！

Did YOU KnoW

「彩色」是怎麼來的？

島上彩色民房的由來傳說是因為早期布拉諾島是個小漁港，出海捕魚的漁夫如果太晚回來，太陽已經下山，或是遇到濃霧，很難認出自己的家，往往會走錯河道浪費許多時間。於是居民就開始在房子外牆漆上鮮豔的顏色，和其他房子做區隔，讓漁夫遠遠就能分辨出自己的家。另一個傳說則是當年黑死病大流行時，被傳染的人家會在外牆上塗白色的石灰消毒，其他戶人家就將外牆漆上顏色來做為區隔。

 MAP P.183 布拉諾島
Burano

如何前往

從Murano Faro站搭水上巴士12號，在BURANO或MAZZORBO站下。

布拉諾島曾經以手工紡織業出名，因此又被稱做蕾絲島。近年來紡織工業雖然沒落，但是島上色彩繽紛的民房越來越受歡迎，逐漸成為威尼斯的熱門觀光景點，也得到了彩色島的美稱。

近年來布拉諾島為了發展觀光，政府更是鼓勵居民將房子漆上新的顏色，甚至提供補助和多種顏色的選擇，彩色島的顏色也就更加豐富了。布拉諾島的面積不大，大約半個小時就可以步行繞島一圈。

島上每一條小路和河道都很值得停下來欣賞，走進巷弄間隨手拍都能拍下明信片般的景色。

歐洲最美的客廳，讓文人墨客流連忘返的聖馬可廣場。

造訪聖馬可廣場理由

① 被稱為歐洲最美的廣場

② 威尼斯最重要的景點都在廣場上

③ 購物、美食的集散地

威尼斯：聖馬可廣場

MAP
P.168
C2

聖馬可廣場
Piazza di San Marco

　　隨著水都歷史的發展，聖馬可廣場成為威尼斯的政治重心，重要的建築如拜占庭式的大教堂與哥德式的總督宮皆在此，拿破崙曾讚譽這裏是「歐洲最美的客廳」。入夜之後的聖馬可廣場更是迷人，樂聲與翩翩起舞的人們，為水都增添濃濃的浪漫氣息。

　　廣場邊的咖啡館是威尼斯的社交中心，自古以來，文人墨客流連於此，拜倫、海明威等都對這裡的風情讚頌不已，聖馬可廣場像海上女王威尼斯的王冠，散發璀璨光芒。

至少預留時間
欣賞廣場風光：半小時
參觀廣場上博物館和教堂等景點：3小時

搭水上巴士1號停靠Vallaresso或San Zaccaria站、2號停靠Giardinetti站、5.1或4.1停靠San Zaccaria站

聖馬可廣場由一整片建築群包圍而成,包括教堂、鐘樓、總督宮、新舊法官官邸、市立科雷博物館等。

威尼斯之獅

有雙翼的獅子是聖馬可的化身,而聖馬可又是威尼斯的守護神,因此雙翼獅子像就成了威尼斯的標誌,祂不僅雙翼展翅,還右手(前腳)持一本聖經。威尼斯最強盛時期,殖民過不少地中海沿岸城市,威尼斯之獅都是不可或缺的標誌。直到今天,享譽全球威尼斯影展,其金獅獎的金獅,就是這頭聖馬可之獅(Lion of Saint Mark)。

恣意狂歡的威尼斯嘉年華

據說威尼斯嘉年華的起源於西元1162年,為慶祝威尼斯國對抗烏里可(Ulrico)的戰役勝利,大型的聯合舞會在聖馬可廣場接連舉辦,到了17世紀時,縱情狂歡的慶祝方式更發展到極致。

聖馬可廣場是嘉年華的重點區域,所有的表演都在這裡舉行。人們會戴上面具,或化妝成特殊的造型,穿著奇裝異服在廣場上顧盼生姿地走著,接受大家讚賞的眼光,晚上廣場中搭起大型的露天晚會舞台,邀集各國的音樂舞蹈團體演出。而觀光客在廣場四周都能買到面具和服裝,隨時可以忘情投入狂歡的節奏。

廣場最熱鬧的時刻莫過於每年二月的威尼斯嘉年華,盛裝奇扮的人物將場景拉回17世紀,那種世紀末墮落的奢靡,至今仍充滿了致命的吸引力。

威尼斯：聖馬可廣場

由建築大師山索維諾(Sansovvino)於1537年所設計的鑄幣所。

19世紀初期所建的皇家小花園，充滿綠蔭，是休憩的好去處。

聖馬可廣場

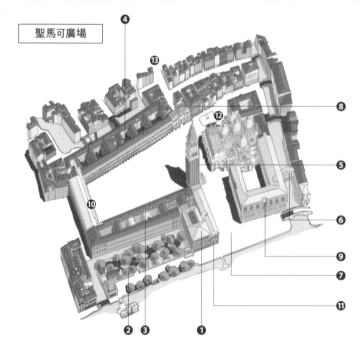

❶ 鑄幣所
❷ 皇家小花園
❸ 新大法官邸
❹ 舊大法官邸
❺ 聖馬可鐘樓
❻ 嘆息橋
❼ 聖馬可小廣場
❽ 時鐘塔
❾ 總督宮
❿ 科雷博物館
⓫ 山索維諾圖書館
⓬ 雄獅小廣場
⓭ 購物街

Did YOU KnoW

水淹聖馬可廣場

聖馬可廣場是威尼斯的地勢最低點，因此在大潮和下大雨時，它是威尼斯首先被水淹的地方，尤其是每年秋天到春天這段期間，又被稱作 **Acqua Alta**。所以商人突發奇想，你可以在紀念品店買到一種可以測量水位的雨靴。

新大法官邸曾是威尼斯共和國行政長官辦公之處，現在是整排的禮品店和咖啡館。

舊大法官邸前擺滿了露天咖啡座，還有現場音樂演奏，其中一家咖啡館是頗受歡迎的油畫咖啡館(Caffè Quadri)。

怎麼玩
聖馬可廣場才聰明？

威尼斯嘉年華

每年2月的威尼斯嘉年華是歐洲最著名的狂歡慶典，熱鬧的氛圍和威尼斯的美景相互映襯，絕對是最適合造訪威尼斯的時間。

登上鐘樓

鐘樓高98公尺，登上塔頂不只可以看到聖馬可廣場，整個威尼斯的市景都能盡收眼底。

善用票券

持有總督宮的門票還可以免費參觀科雷博物館和國家考古學博物館。此外還有博物館通票，包含聖馬可廣場上的博物館和其他離島的博物館。有計畫參觀3間以上的博物館，購買通票就會比較划算。

必看重點

廣場上除了經典的聖馬可大教堂，還有許多值得參觀的景點。

✝ 聖馬可大教堂
Basilica di San Marco

擁有五座大圓頂的聖馬可教堂，是威尼斯的主教座堂，也是一座非常傑出的建築，同時收藏了豐富的藝術品。

西元828年威尼斯商人成功地從埃及的亞歷山卓偷回聖馬可的屍骸，水都的居民便決定建一座偉大的教堂來存放這位城市守護神的遺體。威尼斯因為海上貿易的關係和拜占庭王國往來密切，這段時期的建築物便帶有濃濃的拜占庭風，聖馬可大教堂就是最經典的代表。

教堂的前身建於9世紀，在一場火災後重建，於1073年完成主結構，至於教堂的正面五個入口及其華麗的羅馬拱門，則陸續完成於17世紀。

走進教堂內部，從地板、牆壁到天花板上，都是細緻的鑲崁畫作，其主題涵蓋了十二使徒的佈道、基督受難、基督與先知以及聖人的肖像等。

⌂San Marco 328 ☎270-8311 ◷教堂、黃金祭壇與聖馬可博物館週一至週六9:30~17:15(週日9:30~14:00僅開放聖馬可博物館)、鐘樓9:30~21:15 ⊙教堂€3；黃金祭壇€5；聖馬可博物館€7；鐘樓€10 ⌘www.basilicasanmarco.it ❶1. 排隊進入教堂的遊客非常多，常需要等40分鐘以上，建議先上網預約時段。2. 教堂內部禁止拍照，禁止帶大包包入場，可免費寄物，寄物處在一旁巷子內。

聖馬可教堂融合了東、西方的建築特色，從外觀上來欣賞，它的五座圓頂構想據說是來自土耳其伊斯坦堡的聖索菲亞教堂。

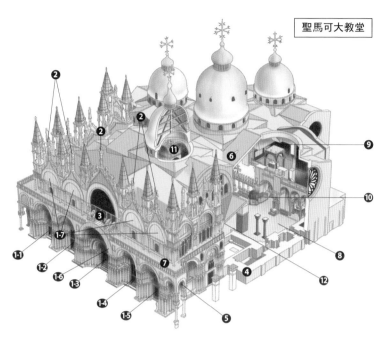

聖馬可大教堂

❷ ❷ ❷ ❷ ❸ ⓫ ❻ ❾ ❿ ❸ ❶⁷ ❶¹ ❶² ❶⁶ ❶³ ❼ ❽ ❹ ⓬ ❶⁴ ❶⁵ ❺

教堂內的畫作都覆蓋著一層閃閃發亮的金箔，使得整座教堂都籠罩在金色的光芒裡，因此又被稱為黃金教堂。

誰是聖馬可？

聖馬可(Mark the Evangelist)據傳是馬可福音書的作者，為耶穌七十門徒之一，亞歷山卓科普特正教會的建立者，生日不詳，卒於西元68年4月25日。祂的聖髑後來被發現於埃及亞歷山卓(Alexandria)的主座教堂，並於西元828年1月31日被威尼斯的商人們偷運回威尼斯。

在那個年代，聖馬可的聖髑無疑是社會和經濟最強大的凝聚力，吸引無數商人和朝聖者前來，而聖馬可自然而然就成為威尼斯的守護神，並以福音書、佩帶寶劍的雙翼獅子形象展現於世人。

DiD YOU KnoW

聖馬可教堂的珠寶是搶來的？

在1202年威尼斯第41任總督恩里科•丹多洛(Enrico Dandolo)決定加入第四次十字軍東征的行列，此次戰役讓他們征服了東正教首都君士坦丁堡並攻入大名鼎鼎且具有神聖地位的聖索菲亞大教堂，威尼斯人堂而皇之的洗劫了聖索菲亞大教堂，據說他們甚至將教堂裡鑲滿寶石的聖壇砸碎瓜分，並牽馬進入教堂搬運金銀珠寶，讓東正教尊嚴蕩然無存，而這些從聖索菲亞大教堂帶回來的珠寶們也理所當然的被拿來裝飾自家的聖馬可大教堂，也難怪聖馬可大教堂是如此金碧輝煌了！

191

① 正門與半月楣馬賽克鑲嵌畫
Main portal & lunettes of the lateral portals

教堂中央大拱門雕飾著羅馬式的繁複浮雕，描繪一年之中不同月份的各種行業。

教堂的正面半月楣皆飾有美麗的馬賽克鑲嵌畫，分別為《運回聖馬可遺體》、《遺體到達威尼斯》、《最後的審判》、《聖馬可的禮讚》、《聖馬可運入聖馬可教堂》等五個主題。描述聖馬可從亞歷山卓運回威尼斯的過程。

正門的上一層，還有4片馬賽克鑲嵌畫，描繪的是《基督的一生》，這4幅都是後文藝復興時期才置換的。

② 聖馬可、天使與武聖
Saint Mark、Angels & Warrior Saints

立面的最上層有5座蔥形拱，正中間展翅的雄獅正是聖馬可的象徵，也是威尼斯的象徵標誌，獅子手持《馬可福音》。頂上的聖馬可雕像是15世紀加上去的，兩旁則圍繞6尊展翅天使。

其餘4座蔥形拱分別立著4尊雕像，都是一般基督教所尊奉的「武聖」，祂們分別是君士坦丁(Constantine)、德米特里(Demetrius)、聖喬治(George)和聖特歐多羅(Theodosius)。

③ 銅馬

正門上方四匹銅馬是第四次十字軍東征時，從君士坦丁堡帶回來的戰利品，1797年時又被拿破崙搶到法國，直到19世紀才又送回威尼斯，不過目前教堂上方的是複製品，真品目前存放於教堂內部。

④ 四帝共治雕像
The Portrait of the Four Tetrarchs

這兩組嵌在牆角的紅色大理石，年代可溯及西元300年，所雕的是羅馬帝國4位皇帝，原本是君士坦丁堡某座廣場的裝飾，於1204年被帶到威尼斯來，並嵌在聖馬可大教堂的西南牆角。

⑤ 前廳門廊
Narthex & Porch

正是進入大教堂之前，會先穿過前廳的門廊，在見到金光閃閃的教堂內部之前，這裡同樣金碧輝煌，天花板的馬賽克鑲嵌畫都是新、舊約聖經故事，包括創世紀中諾亞、阿伯拉罕、摩西的一生等。

⑥ 教堂結構
Structure

教堂的內部結構呈希臘十字架形式，十字架的每一面分割成3個殿，上方各自有一座圓頂，十字交會的地方就是中間的主圓頂，四座小圓頂又以西側這座較大。其形式仿自君士坦丁堡的君士坦丁聖使徒教堂(Constantine's Church of the Holy Apostles)。

⑦ 陽台
Balcony

遊客可以登上教堂的陽台，也就是聖馬可銅馬所在的地方，從這裡可以從高處欣賞聖馬可廣場。

8 大理石地板
Marble floor

教堂的大理石地板完成於12世紀，後來又經過多次修復，大理石呈幾何圖形排列，同時裝飾了許多動物圖案的馬賽克鑲嵌畫。其中有一幅顯示兩隻雞扛了一頭被綑綁的狐狸，被政治解釋為一次義大利戰爭中，法國征服米蘭的歷史。

10 長老席與黃金祭壇
Presbytery & Pala d'Oro

教堂東側最裡面可見14世紀哥德式的屏幕，屏幕後方是安放聖馬可遺體的祭壇，據說聖馬可的遺體曾在976年的祝融中消失，新教堂建好後，才又重現於教堂內。

就在聖馬可石棺上方，有一座黃金祭壇，是拜占庭藝術的傑作，高1.4公尺、寬3.48公尺，上面共有1,300顆珍珠、300顆祖母綠、400顆紅寶石。

9 寶物室
The treasury

寶物室主要收藏拜占庭時代的金飾、搪瓷，以及岩石雕刻，其中不少是第四次十字軍東征時從君士坦丁堡掠劫過來的。後來威尼斯日漸富強，也有來自地方技師的工藝以及世界各地的貢品。

11 圓頂和馬賽克鑲嵌畫
Domes & Mosaics

教堂的天花板和圓頂內部裝飾著滿滿的馬賽克鑲嵌畫，面積多達8,000平方公尺。

主長廊的第一座圓頂主題為《聖靈降臨》，以馬賽克裝飾化身為白鴿降臨人世的聖靈。而稱為《全能基督》(Christ Pantocrator)的主圓頂也是用馬賽克裝飾出天使、十二使徒，以及被他們包圍的耶穌及聖母。其他的馬賽克也都是具代表性的新舊約聖經故事和寓言人物。

12 聖馬可博物館
St. Mark's Museum

博物館設立於19世紀，晚近經過整理後，位置就位於前庭和過去總督宴會大廳之間。

博物館裡，最珍貴的就是那4匹聖馬可銅馬的原件，此外，還有波斯地毯、祭衣、聖馬可手稿，以及19世紀教堂整修時，早期馬賽克鑲嵌畫的原件等。

Did YOU KnoW

來到威尼斯竟然要進貢藝術品？

教堂內可以見識到豐富的藝術收藏品，而且這些藝術品來自世界各地，那這些文物為什麼會出現在聖馬可教堂內呢？因為從1075年起，所有從海外返回威尼斯的船隻都必須繳交一件珍貴的禮物，用來裝飾教堂。而當時的威尼斯貿易興盛，因此船隻進出頻繁，上繳的文物自然就越來越多。

拍攝嘆息橋的絕佳位置！
連接聖馬可小廣場(Piazzetta di San Marco)碼頭與斯拉夫人堤岸的威尼斯最老拱橋—麥杆橋(Ponte della Paglia)其實是一覽嘆息橋和整個聖馬可灣的熱門地點，許多明信片的取景就是在這裡，所以橋上長年擠滿了拍照的各國遊客呢！

嘆息橋
Ponte dei Sospiri

連結著總督宮和旁邊的地牢有一座非常有名的嘆息橋，聽說戀人們在橋下接吻就可以天長地久，而這裡也是電影《情定日落橋》的取景地。事實上，當犯人在總督宮接受審判之後，重罪犯被帶到地牢中，可能就此永別俗世了，所以在經過這座密不透風的橋時，不自主的發出嘆息之聲，正是這座橋的名稱由來。

嘆息橋興建於1600年，也是威尼斯的必訪景點之一，參觀地牢可由總督宮進入。

鐘樓
Campanile

高98.5公尺的鐘樓是廣場上最顯著的目標。建於1173年的原始鐘樓因過高過重，而於1902年坍塌，不過在加強地基之後，與原塔一模一樣的鐘塔又於1912年時再度立起，鐘樓最上方放置的是大天使伽百利的風向標。
🏛P.za San Marco 30124 ☎270-8311
🕐9:30~21:15(最後入場20:45) 💲€10
⚠如遇強風、嚴寒、濃霧等天氣不佳狀況，將暫停開放
❗內部禁止拍照，禁止帶大包包入場，可免費寄物，寄物處在一旁巷子內。

聖馬可小廣場
Colonne di San Marco e San Todaro

聖馬可小廣場就位於大教堂旁，臨著運河邊豎立了兩根由君士坦丁堡運來的石柱，一根柱頭上是聖特歐多羅(San Teodoro,在東正教堂經常出現的武聖人)，另一根則是聖馬可的石獅子。這尊石獅子曾被拿破崙掠奪到巴黎，歷經18年才重回威尼斯，現在這頭有雙翼的獅子，已經成為威尼斯的象徵，廣場也因此得名。

有此一說～

當地人的小迷信
原來兩柱之間曾經是威尼斯共和國實行死刑的地方，無論是四馬分屍、吊死、關木籠都在這座小廣場舉行，其中吊死是直接將死刑犯吊死在聖特歐多羅柱，而關木籠則是將人關進木籠後，吊在聖特歐多羅上面向終日曝曬的南方活活曬死，無論如何，此地都象徵了肅殺與不吉利，所以當地有個迷信盡量避免穿越兩柱之間，但廣場上觀光客多不知這段歷史典故，照樣大剌剌地穿梭其中呢！

Did YOU KnoW

前任的城市守護者

著名的聖馬可是威尼斯的城市守護者，但其實在他之前還有個被換掉的守護者。這位前任守護者就是聖馬可小廣場柱頭上的屠龍者聖特歐多羅(San Teodoro)，原來因為當時的威尼斯是東羅馬帝國的附屬國，東羅馬帝國皇帝欽定這個來自土耳其的英雄作為城市守護者，威尼斯人也只好照辦，直到西元828年威尼斯商人從埃及偷回在基督教中地位崇高的聖馬可遺體，威尼斯共和國立刻表決換掉聖特歐多羅，讓聖馬可成為新的城市守護者。

內行人才知道的總督宮秘密導覽行程！
身為威尼斯共和國時期的行政機關與法院，總督宮還是情報組織中心與地牢所在，這個特別的行程由當地導遊帶領進入一般沒有開放的秘密空間，從檔案庫、地牢、酷刑室到最後還能走進嘆息橋親身體會死刑犯的絕望心情，用不同視角一窺總督宮的隱蔽角落，導覽結束後也能自由參觀總督宮其他區域，該行程有英文、法文及義大利文場次，票價雖比一般門票略貴也絕對值得，但別忘了一定要先上網預約，現場可是沒有販售的喔！

總督宮
Palazzo Ducale

　　總督宮是歷任威尼斯總督的官邸所在，這座雕鑿細緻的哥德式建築，最早的建築體完成於9世紀，但是在10及12世紀兩度遭到大火燒毀破壞，外觀在14和15世紀時重新整建。

　　宮內有不同的廳室開放遊客參觀，每一間廳室裡都有非常漂亮的濕壁畫。最值得一看的是三樓的會議大廳，可容納2000人，在總督寶座的後面是由畫家丁特列多(Jacopo Robusti Tintoretto)在1590年所繪製的《天國》，占滿了整面牆，高7.45公尺寬21.6公尺，此外牆上還有76位歷任的威尼斯總督畫像。

🏛San Marco 1　☎271-5911　🕐11~3月9:00~18:00；4~10月9:00~19:00。部分日期開放夜間參觀至23:00，詳細資訊請上網查詢　💰聖馬可廣場博物館通票(i Musei di Piazza San Marco)，包含總督宮、科雷博物館、國家考古學博物館以及聖馬可圖書館紀念廳四處門票。全票€30、優待票€15(網站30天前預購全票€25、優待票€13)。　🌐palazzoducale.visitmuve.it

從聖馬可教堂旁邊的的信紙大門(Porta della Carta)可進入總督宮的一樓中庭。

《天國》是當時世界上最大的一幅油畫，即使在今天也是非常少有的巨幅畫作。是威尼斯藝術顛峰時期的矯飾主義風格代表作。

科雷博物館
Museo Correr

富有的神父特歐多羅·科雷於1830年將其私人收藏捐贈給水都，因而成立這座值得參觀的科雷博物館。裡頭有著大量與繪畫、印刷品、錢幣以及總督肖像畫有關的收藏，以及相當精采的威尼斯藝術展覽。

⊙San Marco 52　☎240-5211　◑11~3月10:00~17:00；4~10月10:00~18:00。部分日期開放夜間參觀至23:00，詳細資訊請上網查詢　⑤同總督宮　⑯correr.visitmuve.it

時鐘塔
Torre dell'Orologio

時鐘塔是進入廣場的入口之一，這是15世紀由柯度奇(Mario Coducci)所建造，上面的時鐘原是為航海用途而設計。塔上的神龕供奉著聖母與聖嬰，每年聖母升天日的那個禮拜，會有東方三賢人由側門出來向聖母膜拜；頂端則是兩尊摩爾人銅雕，專司敲鐘報時。進入時鐘塔參觀一定要事先電話或至官網預約，並提前5分鐘於柯雷博物館售票處集合。

⊙Piazza San Marco　☎848-082-000(預約電話)　◑英文導覽週一11:00、14:00，週二與週三12:00、14:00，週四12:00，週五11:00、14:00、16:00，週六14:00、16:00，週日11:00　⑤全票€15、優待票€12。持鐘塔門票可免費參觀科雷博物館、國家考古學博物館以及聖馬可圖書館紀念廳　⑯torreorologio.visitmuve.it　❶不開放6歲以下兒童進入

山索維諾圖書館
Libreria Sansoviniana

這座圖書館被帕拉底奧(Palladio)讚美為：「可能是古羅馬希臘時代以來裝飾得最為富麗堂皇的建築」，裡頭除了丁特列托和提香等大師的繪畫之外，還收藏了不少珍貴的著作。

花神咖啡館
Caffè Florian

這間1720年時創立於聖馬可廣場上的咖啡館，是威尼斯、甚至義大利最古老的咖啡館之一，由於坐擁聖馬可廣場的美景和歡樂的氣氛，使得它不但廣受文人和藝術家的喜愛，更是觀光客前往當地朝聖的地點之一。咖啡館內裝飾著華麗的壁畫，戶外的露天座位則洋溢著現場演奏的音樂，良好的服務和高品質的產品，讓花神咖啡館成為優雅的代名詞。

🏠Piazza San Marco 57　📞520-5641　🕐9:00~23:00
🌐www.caffeflorian.com

Did YOU KnoW
咖啡就是由威尼斯人傳入歐洲的！

聖馬可大廣場邊咖啡館林立，而咖啡正是由周遊各國經商的威尼斯人傳入歐洲的！據信在1615年威尼斯商人從咖啡文化已盛行的阿拉伯將咖啡豆購入並轉賣給威尼斯富豪，這種帶著神秘東方色彩又高價的飲品馬上成了上流社會的新寵，一位荷蘭籍威尼斯商人嗅到商機更在1629年於威尼斯開設傳說是歐洲第一間的咖啡館，往後咖啡以威尼斯為基地，迅速向義大利北方城市甚至其他歐洲國家傳播，使得咖啡香氣自此彌漫全歐洲，所以來到威尼斯怎能不喝上一杯咖啡呢！

油畫咖啡館
Ristorante Gran Caffè Quadri

油畫咖啡館創立於1775年，是現存威尼斯最古老的咖啡館之一！一位從他鄉來的年輕人帶著他所有的財產和希臘妻子一同到威尼斯謀生，賣起了所謂「煮熟的黑水」，他或許怎麼也沒想到，油畫咖啡館居然能見證威尼斯共和國的存亡，並成為世界上少數歷經時代變遷卻依舊無損其時尚魅力的餐廳。咖啡館在1830年開始增設餐廳，來拜訪過的名人無數，包括法國小說家斯湯達、普魯斯特，以及法國總統密特朗和美國導演伍迪艾倫等。

🏠Piazza San Marco 121　📞522-2105
🕐9:00~00:00　🌐alajmo.it

延伸景點

走進錯綜複雜的巷弄和水道，這些地方也值得一探究竟。

聖喬凡尼與聖保羅教堂
Chiesa dei Santi Giovanni e Paolo

MAP P.169 D2

如何前往

搭水上巴士5.2號於Ospedale站下，或搭1、2號於Rialto站下

info

📍Campo S.S. Giovanni e Paolo 6363

☎523-5913

🕐9:00~18:00(週末與節日12:00起)

🌐www.santigiovanniepaolo.it

　　教堂亦被稱為威尼斯共和國時期的萬神殿，裡面葬了25位總督，有些墓碑雕刻得美輪美奐。教堂中的壁畫也有不少出自名家之手，像是喬凡尼·貝里尼的祭壇畫《聖文森費爾》(St Vincent Ferrer)、韋瓦里(Alvise Vivari)的《揹十字架的基督》(Christ Carrying the Cross)，以及勒托(Lorenzo Lotto)的《聖安東尼》(St Antonine)等。

　　此外，位於南翼的禮拜堂中有一尊拜占庭式雕像《和平聖母》(Madonna della Pace)，其中保存的聖骨則是「西恩納的聖凱瑟琳」(St Catherine of Siena)的一隻腳。

威尼斯兩座最大的哥德式教堂之一，由多明尼各教士從13世紀起一直興建到15世紀。

走進書店的後院一樣疊滿了書，仔細看才發現這些也是被水淹過的書，於是老闆很有創意的將這些泡水書疊成階梯。

沉船書店
Libreria Acqua Alta

MAP P.169 D2

如何前往

從聖馬可廣場向東北步行約5~10分鐘。

info

📍C. Longa Santa Maria Formosa 5176b

☎296-0841

🕐9:00~19:30

　　Libreria Acqua Alta字面上的意思是高水位的書店，原來雨季時的威尼斯水位會上漲，不時就會淹進書店裡面，老闆才取了這個名字。書店門口的標語寫著「歡迎來到世界上最美的書店」，一走進去果然沒有讓人失望。為了應付書店時常淹水的狀況，老闆在店里面放了一艘貢多拉還有許多浴缸、澡盆當做書櫃或書架，形成十分特別的景像，而疊得到處都是的書本雖然顯得雜亂無章，但也已經成為沉船書店的特色了，想要找書就像是艱難的挑戰。

聖扎卡利亞教堂
Chiesa di San Zaccaria

MAP P.169 D2

如何前往

搭水上巴士1、2、4.1/4.2、5.1/5.2、N、B號於 S. Zaccaria站下

info

📍Campo S. Zaccaria 4693 📞522-1257

🕐10:00~18:00

🌐chorusvenezia.org

　　教堂最原始的建築奠基於9世紀，而且長久以來一直受到歷任總督的特別保護。

　　1444年整座教堂被重新改建，首位建築師岡貝婁(Gambello)以哥德式打造了教堂的正面，不過他去世後接任的柯度奇(Coducci)，卻以文藝復興的手法完成教堂的上部，因此成為今天我們所看到的混合風格外觀。

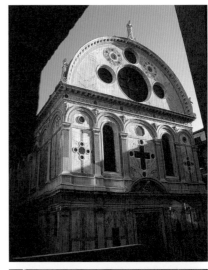

教堂中殿的拱形天花板和牆壁上畫滿了裝飾的壁畫。

內部是最引人注目的祭壇畫《聖母與四聖人》，乃出自喬凡尼·貝里尼之手。還有丁特列多早期的畫作《施洗者約翰的誕生》。

奇蹟聖母瑪利亞教堂
Santa Maria dei Miracoli

MAP P.168 C2

如何前往

搭水上巴士1、2、N號線在Rialto站下

info

📍Campiello dei Miracoli 🕐週一至週六 10:30~13:30、14:30~17:00 🚫週日 💲€3.5

🌐www.chorusvenezia.org

　　這座小巧的教堂躲在不起眼的小巷弄裡，傍河而立。

　　建於15世紀下半葉，屬於文藝復興前期的風格，半圓筒狀的屋頂覆蓋在長方形的主體上，形成半月眉狀的特殊正面；外部全被飾以仔細切割的彩色大理石，像一個精緻的珠寶盒，也因此這座深受水都居民所喜愛的教堂，又被暱稱為「威尼斯文藝復興的寶石」。

飽餐一頓

在寸土寸金的水都尋找**高cp值**美食！

Dal Moro's Fresh Pasta to Go
義大利料理

🏠 **Calle de la Casseleria 5324**

威尼斯的物價是出了名的高，因為資源都必須從外面運到島上，所以在威尼斯吃一餐幾十歐元是很正常的事。這間義大利麵外賣店在這樣的環境下靠著平價打響了名號，一份義大利麵價格約€6~€8，有不同麵條、醬汁和配料可以選擇，份量足夠且口味也十分受歡迎。店裡只有幾個簡單的站位讓人用餐，大部分客人都會選擇外帶。此外即使隨時都在大排長龍，店家出餐的速度還是很快的，非常方便。

🔖168C2
🚶從聖馬可大教堂步行約3分鐘
☎476-2876 ⏰12:00~20:00
🌐www.dalmoros.it

must eat! 各式義大利麵 €6~€8 推薦菜

Osteria Ai Assassini
輕食、酒吧

🏠 **San Marco 3695**

離開威尼斯聖馬可廣場擁擠的人潮吧！基本上，那裡許多的餐廳都是專為觀光客而設立。Ai Assassini需要一點點力氣才找得到，坐落在一條寂靜的巷子裡，店名是義大利文「殺手」的意思，藉以諷刺喝酒過量。餐廳內燈火昏黃，光是吧台的瓶瓶罐罐已經很嚇人了，幾乎每桌客人都有一壺葡萄酒，或是一大瓶啤酒，難怪會喝酒過量。這裡供應一些下酒的小菜，你不防試試玉米糕、或是加上乳酪的烤蕃茄。

🔖168C2 🚶搭水上巴士1號於San Angelo站下 ☎099-4435 ⏰週二至週六12:00~14:30、19:00~22:00，週日12:00~15:00 休週一 🌐www.osteriaaiassassini.it

Harry's Bar
酒吧

🏠 **Calle Vallaresso 1323**

從一位糕點師傅、到飯店服務生，而後成為酒館擁有者，Giuseppe Cipriani因為熱愛服務人群以及與人們接觸，進而從求職的途中一路找到人生的目標，在1931年時創立了Harry's Bar。當時的威尼斯已然是歐洲人熱愛前往的旅遊城市，位於聖馬可廣場旁的昔日纜繩倉庫的Harry's Bar，打從第一天營業開始就生意絡繹不絕，翻開它的Guest Book，造訪的名人包括卓別林以及古根漢基金會的佩姬古根漢。
🔖168C2 🚶搭水上巴士1號於S. Marco站下 ☎528-5777 ⏰10:00~00:00 🌐www.cipriani.com

威尼斯：聖馬可廣場

203

航向米蘭的偉大航道

如何前往

飛機

米蘭附近有三座機場,分別是距離市區東方7公里的利納堤機場(Linate Airport,機場代號LIN)、市區西北方45公里的馬賓沙機場(Malpensa Airport,機場代號MXP)、東北方50公里的貝加莫機場(Bergamo Orio al Serio,機場代號BGY)。一般國際航班均降落於馬賓沙機場,這也是台灣旅客進出米蘭最常利用的機場,馬賓沙共有兩個航廈,第二航廈主要是廉價航空公司的起降,彼此之間每有免費的接駁巴士往來;利納堤機場規模較小,大多為國內及歐洲線班機使用;而貝加莫

機場主要為歐洲和國內廉價航空的起降。三座機場與市區的往來交通皆相當方便。

◎利納堤機場
🌐www.milanolinate-airport.com
◎馬賓沙機場
🌐www.milanomalpensa-airport.com
◎貝加莫機場
🌐www.milanbergamoairport.it

火車

從義大利主要城市或是歐洲內陸前往米蘭的火車一般都停靠中央車站(Stazione Central F.S.),此火車站無論轉乘地鐵(2號線、3號線)或巴

士均相當方便。與佛羅倫斯之間車程約1.5~3.5小時，距羅馬車程約3小時，威尼斯為2.5~3.5小時，班次均相當頻繁。

其他位於米蘭近郊的城鎮，可能會停靠其他像是北站、加里波底門車站(Stazione Porta Garibaldi)、羅馬門車站(Stazione Porta Roma)等，除維多利亞門車站(Stazione Porta Vittoria)之外，米蘭的火車站均與地鐵站銜接，因此交通相當方便。正確班次、詳細時刻表及票價可上網(www.trenitalia.com)或至火車站查詢。

巴士

所有前往米蘭的國際巴士或是國內長程巴士、甚至許多區域巴士都停靠在距離米蘭市中心西方5公里的Lampugnano巴士總站，從這裡可以轉乘地鐵1號線前往市中心。

從機場進入市區
馬賓沙快車Malpensa Express

最方便快速的方式是搭乘馬賓沙快車，行駛於機場第一航廈、第二航廈、米蘭中央車站(Stazione Central F.S.)以及Cadorna火車站之間。抵達中央車站可以轉搭2、3號線地鐵(Cadorna站)或計程車等交通工具前往其他目的地，在Cadorna火車站則可轉搭1、2號地鐵線。

機場－中央車站的路線，快車沿途會停靠Milano Bovisa Politecnico和Milano Porta Garibaldi站，約30分鐘一班車，車程約50分鐘。機場－Cadorna火車站的路線，快車沿途停靠Busto Arsizio Nord, Saronno, Milano Bovisa Politecnico站，約30分鐘一班車，車程約37分鐘。車票可於售票櫃檯或車站旁的自動售票機購買。

◎馬賓沙快車

☎7249-4949 ⏱5:25~23:25 💲單程€12，來回€20

🌐www.malpensaexpress.it

義大利國鐵

馬賓沙機場第一航廈也可搭乘義大利國鐵前往米蘭中央車站，直達車中途會停留Milano Nord Bovisa、Milano Porta Garibaldi等車站。每15~20分鐘一班次，但要注意有些班次需要中途轉乘，帶著大行李可能比較不方便。詳細時刻表和票價可於國鐵網站或車站詢問。

義大利國鐵 🌐www.trenitalia.com

機場巴士

有四家巴士公司Terravision、Air Pullman、Autostradale、Caronte經營往來米蘭和馬賓沙機場之間的交通路線，它們都是從機場的第一航廈發車，停靠第二航廈，並以米蘭的中央車站(Stazione Central)為終點，每20~45分鐘發車，車程約50~70分鐘。

Air Pullman的特點是車上有免費無線網路與USB充電，且除了馬賓沙機場線以外，也有從利納堤機場前往中央車站的路線，以及往返馬賓沙和利納堤機場、馬賓沙和貝加莫機場之間的連接巴士。而Terravision也同時經營貝加莫機場至中央車站的路線。

◎Terravision

⏱5:30~01:40 💲單程€10，來回€16

🌐www.terravision.eu

◎Air Pullman

⏱5:10~01:10 💲單程€10，來回€16

🌐www.malpensashuttle.it

◎Caronte

⏱6:00~00:30 💲單程€10，來回€16

◎STIE Autostradale

⏱5:45~:00:00 💲單程€10

🌐www.airportbusexpress.it

市區巴士

由於利納堤機場與市中心較近，也有市區巴士行駛，73號巴士可抵達地鐵1與3號線的Duomo站或地鐵3號線的Missori站，營運時間5:30~01:06，約每10分鐘一班次，單程票價€2.2。

地鐵

連接利納堤機場與市中心的地鐵4號線，目前通車至市中心San Babila站，預計2024年可全線開通，延伸至San Cristoforo站。

計程車

馬賓沙機場第一航廈的6號出口和第二航廈的4號出口有計程車招呼站。從馬賓沙機場前往市區大約40~50分鐘的時間，車資約€104左右，還必須額外支付機場使用費和行李費。從利納堤機場前往市中心約€15~30。

米蘭行前教育懶人包

INFO
基本資訊
人口：1,359,074　面積：181.67平方公里　區碼：(0)2

城市概略

縱觀米蘭的歷史，它與羅馬帝國的淵源，不如與北方諸邦國交往那麼頻繁深厚，自己走著哥德風，米蘭大教堂便是其中的經典，這是與羅馬厚重式建築相抗衡而發展出來的輕巧模式。

雖然大教堂已有數百年歷史，但它那尖細的風格，與進步的現代米蘭摩天大樓相得益彰、巧妙配合。走在雄偉的教堂前，不會有時光倒流的錯覺，因為它的古典已深深嵌入米蘭的摩登中。

氣候

米蘭這個義大利第二大城、倫巴底省首府，除了執世界流行之牛耳，是座超級購物天堂之外，這裡還有歐洲最豪華的哥德式大教堂、首屈一指的歌劇院、義大利北部最出色的美術館。在米蘭北部的湖區，像是掛在阿爾卑斯山腳下的一串串藍色寶石，除了是義大利最重要的魚米之鄉之外，這片美麗的湖光山色，長久為詩人、藝術家所頌揚，而王宮、貴族、名流為了度假所興建的別墅、花園，更增添浪漫。

	1月	4月	7月	10月
平均高低溫	6/-2℃	17/7℃	29/18℃	18/9℃
平均日照	5hr	9hr	12hr	6hr
雨量	59mm	75.5mm	69mm	122mm

關於米蘭的住宿

◎時尚之都米蘭一整年都有大型商展,特別是春天(3-5月)和秋天(9-11月),例如米蘭時裝週、米蘭家具展……如果此時來到米蘭,務必及早規劃,否則一房難求,而且價錢也會較淡季貴2-3倍以上。

◎既然是一座商業大城,旅遊人口也不少,從平價的民宿到商務旅館,再到高檔飯店,米蘭住宿的選擇性十分多樣。一般而言,市中心區的米蘭大教堂周邊和共和廣場(Piazza della Repubblica)附近,都是高檔飯店聚集的區域,一般人較難以接受其價位。中價位的商務旅館多半集中在中央火車站前的Napo Torriani路,以及布宜諾斯艾利斯大道(Corso Buenos Aires),或者商展會場附近。至於平價的民宿則在中央車站的東南方區域。

◎和其他大城市一樣,米蘭的旅館在房價之外,也要額外收取城市稅,原則上依照旅館的星等收取費用,費用為每人每晚€2~5不等。

觀光優惠票券好用嗎?

米蘭除了大教堂之外景點並不多,沒有額外購買優惠票卷的必要,唯有史豐哲斯可城堡內規劃了多座市立博物館,可視自己的興趣購買聯票,詳見P.231。

米蘭的遊客中心在哪裡?
INFOMILANO遊客服務中心
🏠Piazza Duomo 14

📞8845-5555

🕐10:00~18:00(週末與假日至14:00)

🌐www.yesmilano.it

📶米蘭市區有相當多的免費無線網路熱點,可以好好利用

YESMILANO遊客服務中心
🏠Via dei Mercanti 8

📞8515-5931

🕐10:00~18:00(週末與假日14:30起)

米蘭市區交通

地鐵

　　米蘭共有五條地鐵，分別以顏色做為區隔，M1紅色、M2綠色、M3黃色、M4藍色、M5紫色，網絡分布密集且四通八達，並且與中央車站、大教堂、Cadorna以及Loreto等大站相連接，不足的地方則有許多穿越市區且可前往市郊的通勤火車Passante Ferroviario和市區範圍的私鐵Trenord路線。

　　由於米蘭的主要景點多分布於市中心，因此M1和M3最常為遊客使用，像是前往大教堂、史卡拉劇院、安吉布羅美術館等等，都可搭乘這兩線前往，其他像是布雷拉美術館和史豐哲斯可城堡，則可搭乘M1抵達，而2022年開始動工的M4目前可連接利納堤機場與市中心，預計2024年全線開通。各路線營運時間不同，詳細資訊請至官網查詢。

◎ATM ⓘwww.atm.it

巴士和電車

由於米蘭的地鐵網絡大致算密集,因此從各地鐵站前往景點需步行的時間多在10分鐘以內,所以使用到巴士與電車的機會並不高,但是如果你想瀏覽城市風光,搭乘巴士和電車也不失為好方法。大部分的站牌上都會展示路線與方向,巴士和電車主要行駛時間在6:00~午夜之間。

計程車

米蘭街頭沒有隨招隨停的計程車,因此想搭計程車的人必須前往大教堂廣場(Piazza Duomo)、Largo Cairoli、Piazza San Babila以及中央車站(Stazione Centrale)的計程車招呼站上攬車,或是撥打電話叫車(7777、6969、6767、4040或8585)。

腳踏車

米蘭市區也有與YouBike很類似的公共自行車系統,稱為BikeMi。租借站點非常多,有一般腳踏車和電動腳踏車可選擇,使用方式是先上官網或下載App註冊一日或一週身份,系統會立刻發送電子郵件提供一組密碼,使用這組密碼即可於租借點租用腳踏車,以信用卡付費。一般腳踏車30分鐘內免費,兩小時內每30分鐘多€0.5,之後每小時€2,一日€4.5。

◎BikeMi ⓦbikemi.com

大眾交通票券

米蘭的大眾交通工具(地鐵、電車、巴士、市區鐵路)共用同一種票券,除地鐵和市區鐵路限搭一次外,其他交通工具可在有效時間內(90分鐘)彼此轉乘,成人單程每趟€2.2,10張一本的套票€19.5。另有交通周遊券發售,分為1日券€7.6、3日券€13等。第一次使用周遊券時,必須在車上的打卡機上打卡,上面會秀出使用的時間。雖然在這裡搭乘大眾交通工具不一定會設有驗票閘口,但是如果被抽查到沒買票,則罰款數倍,千萬不要以身試法。

◎ATM大眾交通工具洽詢處

ⓖDuomo、Centrale、Loreto、Cadorna、Garibaldi、Zara等站均設有服務櫃台 ◷週一至週六7:45~20:00(週日Duomo、Centrale站10:15~13:15、14:00~17:30)

ⓦwww.atm.it

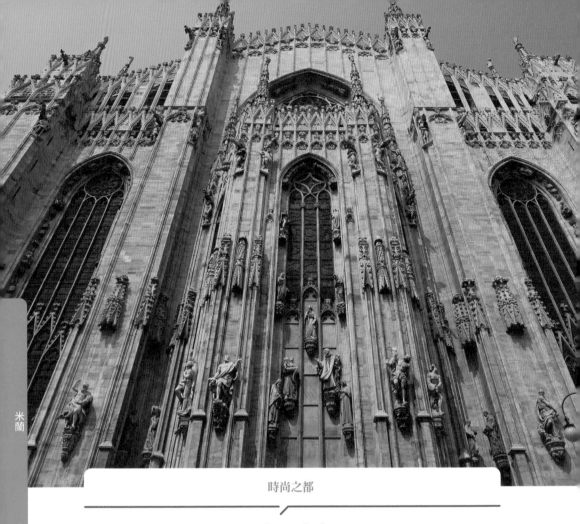

時尚之都

米蘭
Milan

米蘭

世界的時尚之都米蘭是一座輕易就拋掉沈重歷史包袱的城市。走在米蘭的街道上，觸目所及皆是簡潔的流行線條，前衛的歐洲在此隨時乍現，它的時髦品味令愛好時尚的族群亦步亦趨。然而它的優雅卻是根植於深厚的過去，一種令人望塵莫及的古典。

米蘭這個義大利第二大城、倫巴底省首府，除了執世界流行之牛耳，是座超級購物天堂之外，這裡還有歐洲最豪華的哥德式大教堂、首屈一指的歌劇院、義大利北部最出色的美術館，以及達文西曠世巨作《最後的晚餐》。

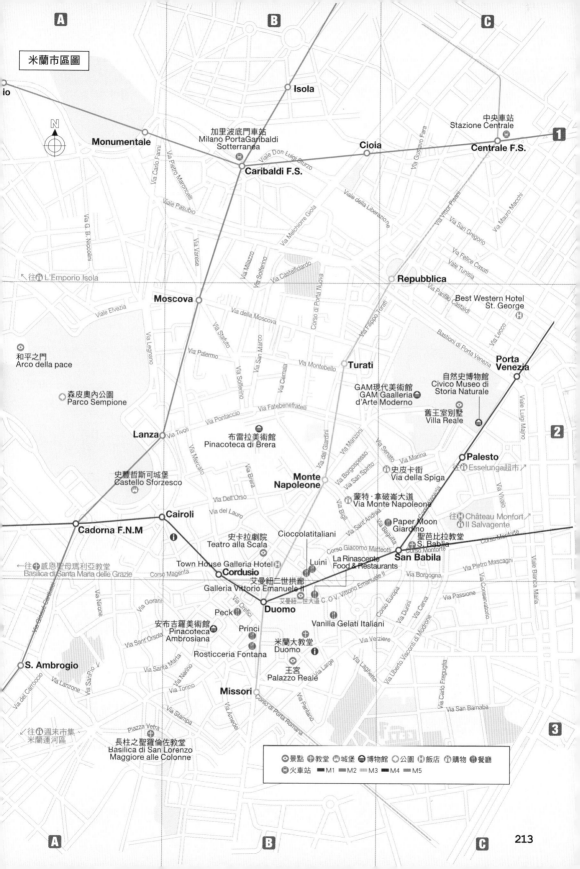

米蘭的驕傲，義大利最大的教堂和哥德式建築的經典代表。

王牌景點 1

造訪米蘭大教堂理由

1 世界第4大、義大利最大的教堂

2 哥德式建築的經典作品

3 米蘭的地標和市中心

米蘭：米蘭大教堂

✝ MAP
P.213
B3
米蘭大教堂
Duomo

米蘭大教堂是義大利境內最大的教堂(世界最大的聖彼得大教堂位於梵諦岡)，也是米蘭最驕傲的地標。

米蘭大教堂是哥德建築的極致表現，屋頂的135根大理石尖塔叢林，讓人震撼於其工程之浩大與雕工之精細，並且能夠表現哥德藝術的輕巧與高雅，馬克吐溫曾讚美它是「大理石的詩歌」，經過六百多年的精雕細琢，米蘭大教堂表現出人們對宗教的虔誠與對藝術的執著。

想餵鴿子？小心荷包失血！

米蘭大教堂前的廣場到處都是鴿子，和鴿子合照已經成為遊客的例行公事，但是要注意由於衛生問題，所以義大利法律明文「禁止餵食鴿子」，違法者罰款最高600美元。

教堂前的廣場上立著一尊艾曼紐二世國王(King Victor Emmanuel II，1820-1878)的騎馬雕像，他是義大利於1861年統一之後的第一任國王。

> 大教堂附近有購物街、餐廳和酒吧，所以入夜後依舊燈火通明，十分熱鬧。

怎麼玩
米蘭大教堂才聰明？

**大教堂通票
Duomo Pass**

只要參觀教堂和登頂價錢就和通票一樣，持有通票還可以參觀**大教堂博物館**和**考古區**。

**從文藝復興百貨
欣賞大教堂**

文藝復興百貨位在大教堂的北面，頂樓的美食街設有露天座位，可以近距離用不同角度欣賞大教堂。

小心廣場上的小販

廣場上有許多小販會假裝免費提供鴿子飼料或幸運繩給遊客，等遊客收下後再收費，許多遊客不勝其擾。

至少預留時間
只參觀教堂
1小時
購買通票並參觀所有地方
3小時

搭地鐵1、3號於Duomo站下車

ⓘ

📍 **P.za del Duomo**
📞 7202-3375
🕐 大教堂、遺址區、屋頂露台9:00~19:00(屋頂露台週四至22:00)；博物館10:00~19:00(售票至閉館前一小時)
🚫 聖查理斯禮拜堂與博物館週三休
💰 大教堂+博物館€8，大教堂+博物館+遺址區€10，徒步登頂屋頂露台€13，電梯登頂屋頂露台€15，大教堂+博物館+徒步登頂屋頂露台€16，大教堂+博物館+電梯登頂屋頂露台€22
🌐 www.duomomilano.it

登上教堂屋頂可親身體驗哥德建築的鬼斧神工，更可以感受到大教堂歷時600年的工程，對人類城市美學的偉大貢獻。

世界前五大教堂

眾所周知，世界最大的教堂是梵諦岡的聖彼得大教堂，米蘭大教堂也名列前五當中，其餘三座分布在哪裡？又有哪些特色，這表格讓你一目了然。

排名	名稱	國家	城市	建築年代	面積	體積
1	聖彼得大教堂St. Peter's Basilica	梵諦岡	梵諦岡	1506–1626	15,160平方公尺	5,000,000立方公尺
2	阿帕雷西達國家聖母教堂Basilica of the National Shrine of Our Lady of Aparecida	巴西	阿帕雷西達Aparecida	1955–1980	12,000平方公尺	1,200,000立方公尺
3	賽維亞大教堂Seville Cathedral	西班牙	賽維亞Seville	1401–1528	11,520平方公尺	500,000立方公尺
4	米蘭大教堂Duomo di Milano	義大利	米蘭	1386–1965	11,700平方公尺	440,000立方公尺
5	聖約翰大教堂Cathedral of Saint John the Divine	美國	紐約	1892-至今	11,200平方公尺	480,000立方公尺

聖彼得大教堂

賽維亞大教堂

聖約翰大教堂

哥德式建築美學的典範，每個細節都值得細細品味。

教堂奠基於1386年，直到20世紀才算整體完成。最初在主教莎路佐(Antonio da Saluzzo)的贊助下，依倫巴底地區的風格來設計，不過因維斯康提家族的佳雷阿佐(Gian Galeazzo)的堅持，除本地外還聘請了日耳曼及法蘭西等地的建築師，並使用粉紅色的康多利亞(Candoglia)大理石，以哥德風格續建教堂。1418年馬汀諾五世為主祭壇舉行啟用聖儀，1617年開始教堂正立面的工程，依然採用哥德風設計，1774年在主尖塔的頂端豎立聖母像，1813年正面與尖塔才全部完成；至於正面的五扇銅門則是20世紀新增的。

01 大教堂廣場 Piazza del Duomo

大教堂廣場不僅是米蘭市區的地理中心，在藝術、文化、社會方面，也都是米蘭的象徵中心。廣場呈四方形，面積廣達17,000平方公尺，四周都是米蘭最具代表性的建築，包括米蘭大教堂、艾曼紐二世拱廊和王宮等。

米蘭大教堂

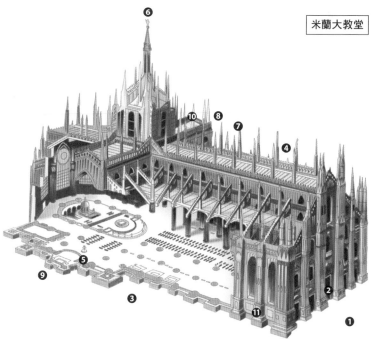

《米蘭敕令》

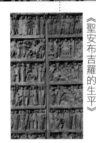

《聖安布吉羅的生平》

《聖母的一生》

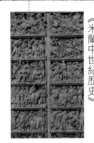

《米蘭中世紀歷史》

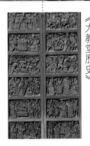

《大教堂歷史》

02 教堂大門

教堂立面共有五片銅門，每扇都描繪著不同的故事，主要大門描述《聖母的一生》，其中《鞭笞耶穌》浮雕被民眾摸得雪亮，是大師波以亞奇(Ludovico Pogliaghi)的作品。其餘四片銅門由左至右分別是《米蘭敕令》、米蘭的守護聖人《聖安布吉羅的生平》、《米蘭中世紀歷史》、《大教堂歷史》。

《米蘭敕令》是什麼？
《米蘭敕令》又可稱之為《米蘭詔書》，是西元313年羅馬帝國君士坦丁大帝在義大利米蘭頒發關於寬容基督教的敕令，意味在羅馬帝國境內，可以自由信仰基督教。

03 聖查理斯禮拜堂
Chapel of Saint Charles Borromeo

這個地窖興建於1606年，聖查理斯頭戴金王冠，躺在水晶及銀製棺材內。

要不要登上大教堂的屋頂呢？

光從廣場看大教堂已經十分宏偉，而外牆上的精緻石雕也令人嘆為觀止，但千萬別就此滿足，因為登上教堂的屋頂再看這座教堂，是全然不同的體驗。上教堂屋頂有兩種方式，一是徒步，一是搭電梯，二者價差2歐元，米蘭大教堂的屋頂只有165級階梯，相較於羅馬聖彼得大教堂和佛羅倫斯聖母百花大教堂的圓頂，其難度容易得多，可視個人的體力選擇登頂方式。

04 屋頂

屋頂平台不大，是教堂不可錯過的景點，除了提供由高處欣賞米蘭景致外，最令人驚嘆的是身處在為數眾多的尖塔群中的感動。光是立在塔頂上的雕像就多達2,245尊，若再加上教堂外牆的雕像，更多達3,500尊，聖人、動物及各種魔獸……幾乎囊括了中世紀哥德風格的典型雕刻手法。

05 聖安布吉羅祭壇
The Altar of St. Ambrose

祭壇中央的畫描繪米蘭守護神聖安布吉羅接見皇帝的景象。

06 聖母雕像

高達108.5公尺的尖塔頂端，由裘瑟伯畢尼(Giuseppe Bini)於1774年立的鍍銅聖母像，高4.15公尺，在陽光照射下閃爍著金光，非常顯眼。

07 麥第奇紀念碑
Funeral Monument of Gian Giacomo Medici

這座豪華的紀念碑是教皇庇護四世(Pius IV)為紀念他兄弟麥第奇而建，原本想請米開朗基羅捉刀，但被拒後，改由其學生雷歐尼(Leone Leoni)建造。

Did YOU KnoW

誰是米蘭最高建築？

根據傳統，米蘭市區的建築物不能高過米蘭大教堂的這尊聖母雕像。不過1950年代時，這紀錄已被皮雷利大樓(Pirelli building)上的聖母雕像複製品超越，高127.1公尺。到了2010年，倫巴底大樓(Palazzo Lombardia)樓頂也豎立了一尊聖母雕像複製品，高161公尺，成為米蘭最高樓。

08　聖喬凡尼・波諾祭壇
The altar of Saint Giovanni Bono

聖喬凡尼・波諾曾經是米蘭的主教，有關他的功蹟就刻在六個大理石淺浮雕中。

10　聖巴托羅謬雕像
Saint Bartholomew

聖巴托羅謬是一位被活生生剝皮而殉教的聖人，雕像中可以清楚看到他身上的肌肉及筋骨，他一手拿著書，肩上披著他自己的皮膚。

09　冬季聖壇
The Hyemal Chancel

此聖壇被巴洛克風格的雕刻包圍，拱頂由八根大理石柱支撐，漂亮的地板及木製聖壇都讓這裡顯得美侖美奂。

11　彩繪玻璃

以聖經故事為主題的彩繪玻璃，是哥德式建築的主要元素之一，最古老的一片位於左翼，完成於1470年到1475年間。

米
蘭
︰
米
蘭
大
教
堂

十字拱廊交叉處的八角形廣場屋頂上，有以馬賽克拼貼的半月楣飾，象徵亞洲、非洲、歐洲及美洲四大洲。

MAP P.213 B2

艾曼紐二世拱廊
Galleria Vittorio Emanuele II

如何前往

搭地鐵1、3號於Duomo站下車，後步行約1分鐘可達

　拱廊是建築師蒙哥尼(Giuseppe Mengoni)於1865年設計，兩年後由當時的義大利國王艾曼紐二世主持落成典禮，19世紀後半到20世紀初期，由於受到法國新藝術(Art Nouveau)浪潮的影響，義大利也產生類似的「自由藝術」(Il Liberty)革命，它最大的特色便是大量運用各種線條形狀的鐵，艾曼紐二世迴廊便充斥著這類的美麗裝飾。拱廊內有不少高級名品店進駐，再加上位在大教堂旁邊，這個挑高的商場總是擠滿人潮。

廣場踩「牛蛋蛋」搏好運！

拱廊地板上的拼貼馬賽克，也有不少描繪12星座；觀光客間有個傳說，就是找到「金牛座」後，以腳跟踩著「牛蛋蛋」轉圈，就能獲得好運氣，從蛋蛋上的黑漬來看，肯定相信者不少，有機會前來，不妨試試看喔！

拱廊圓頂底下有幅馬賽克拼貼出的《母狼餵奶》畫，故事講述一對由母狼餵養的兄弟，長大後興建了羅馬城，因此羅馬人也會把「母狼」視為吉祥物。

史卡拉劇院
Teatro alla Scala

MAP P.213 B2

如何前往

搭地鐵1、3號於Duomo站下車，後步行約5分鐘可達

info

⚐Via Filodrammatici 2

☎8879-7473

⊙劇院博物館9:30~17:30

✖劇院博物館12/7、12/24下午、12/25~26、12/31、1/1、復活節、5/1和8/15

⊚劇院博物館全票€12、優待票€18

⚘www.teatroallascala.org

　　歌劇院的原址是「史卡拉的聖母」教堂，是14世紀時由維斯康提(Bernabo Visconti)之妻－史卡拉王后下令興建，這也是劇院名稱的由來。

　　內部舞台面積達1200平方公尺，可容納2015名觀眾，以金漆木材搭配紅絨布幕，金碧輝煌。舞台面對著弧形的六層座位區，遊客可以在座位區參觀劇院，坐在面對舞台的紅色絲綢座椅上，彷彿可以聽見天籟般的歌劇，幸運的話還可以看到現場排演。館內陳列著演員的劇服、劇照以及服裝設計草稿，並有影片重現當時的表演。

博物館內有很大部分介紹瑪麗亞·卡拉絲(Maria Callas)，她是最受歡迎、也最具爭議的歌劇女伶。

1776年奧國建築師皮耶馬利尼(Giuseppe Piermarini)將教堂進行改建，呈現新古典風格的劇院。

尋找被守護的達文西！

史卡拉歌劇院前的小廣場，其實是因為電影《達文西密碼》而轉紅的景點。既然來訪，不妨到廣場尋找《達文西雕像》，雕像底座是達文西的學生，象徵守護。

一旁的史卡拉劇院博物館(Museo Teatrale Alla Scala)可欣賞到劇院內部，包括舞台及座位區。

王宮
Palazzo Reale

MAP P.213 B3

如何前往

搭地鐵1、3號於Duomo站下車，後步行約2分鐘可達

info

⚲ Piazza del Duomo 12　☎ 8844-5181

🕙 10:00~19:30(週四至22:30)　✖ 週一

💲 €15，包含語音導覽。票價根據當時展覽而異

🌐 www.palazzorealemilano.it

　　王宮在11世紀時還只是不起眼的公家機關，14世紀時被維斯康提家族(Visconti)的阿佐內(Azzone)改建得美輪美奐，但到了史豐哲家族手中時卻又褪去光華，16世紀時曾改為米蘭經常性的劇院，不過1776年毀於祝融之災。

　　目前的新古典式建築是1778年時奧地利大公斐迪南委託皮耶馬利尼(Giuseppe Piermarini)整修改建。1920年義大利國王艾曼紐三世讓出此宮成為米蘭市政府所在，現在為米蘭市區最重要的藝術展演中心。

內部的裝潢與擺飾都是當時米蘭貴族家庭的典範，與史卡拉劇院呈現相同風格。

館內大多展出當代和現代藝術作品，以及作為設計和時尚方面的秀場。

ARTE ITALIANA 1968·2007 PITTURA

米蘭：米蘭大教堂

卡拉瓦喬(Caravaggio)的《水果籃》(Canestra di Frutta)。

布拉曼提諾(Bramantino)的《耶穌的誕生》(Adorazione del Bambino)。

達文西的《音樂家的肖像》(Ritratto di Musico)。

本》作品集，裡面有約2000幅達文西手繪的設計圖、筆記和他對不同領域科學的研究。

館內最珍貴的收藏是達文西的《大西洋手抄

MAP
P.213
B3

安布羅西亞納美術館
Pinacoteca Ambrosiana

如何前往

搭地鐵1號線於Cordusio站或3號線在Duomo站下車，後步行約5分鐘可達

info

⊕Piazza Pio XI 2

☎806-921

🕐美術館10:00~18:00，圖書館平日9:00~16:50

🚫美術館週三休，圖書館週末休

💰美術館全票€15、優待票€10，圖書館需辦理臨時會員卡才能入內

🌐www.ambrosiana.it

　　這座外觀樸實的建築，是米蘭最古老及傑出的文化機構。16世紀時樞機主教波洛米歐(Federico Borromeo) 收集了大量的手稿及書本，捐給米蘭成立一個開放給大眾學習文學及宗教的中心，並且人人都可以進入參觀。1618年主教更將他自己的藝術收藏開放給大眾參觀。

　　館藏了超過35,000冊手稿及2,500百本於西元1500年印製的書籍，美術館的

部分共分為24間展廳，最珍貴的收藏有達文西的素描、倫巴底畫派及威尼斯畫派的作品，還有拉斐爾《雅典學院》(La Scuola di Atene)的草稿。

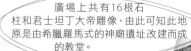
廣場上共有16根石柱和君士坦丁大帝雕像，由此可知此地原是由希臘羅馬式的神廟遺址改建而成的教堂。

教堂內有古老的壁畫遺跡，其中還有一幅《最後的晚餐》。

MAP P.213 A3　長柱之聖羅倫佐教堂
Basilica di San Lorenzo Maggiore alle colonne

如何前往

搭地鐵3號線於Missori站下車後，步行約10分鐘可達，地鐵4號線通車後，於Vetra站下車後，步行約3分鐘可達

info

🏠Corso di Porta Ticinese 35　☎8940-4129

🕐平日8:00~12:30、15:00~18:30，週末9:00~13:00、15:00~19:00

🌐www.sanlorenzomaggiore.com

　　這座奠基於4世紀末的教堂曾在7~8世紀時多次發生火災，但重建時還是依循原來的羅馬形式並繼續擴建。由背面的維特拉廣場(Piazza Vetra)望去，更能清楚地瞧見教堂外觀交融著不同的建築風格。位於主祭壇右側的聖阿奎利諾禮拜堂(Cappella di Sant'Aquilino)，保存著西元4世紀的馬賽克鑲嵌畫。

　　入夜後，昏黃的燈光打在迷離的石柱及一旁的城門上，在米蘭很少有如此濃厚的羅馬味。

米蘭可以說是世界時尚中心，來到米蘭當然要來這裡感受一下氣氛。

MAP P.213 B2 **米蘭精品街**

如何前往

搭地鐵3號線在Montenapoleon站、或1號線在S. Babila站下，後步行約3~5分鐘可達

米蘭執世界流行之牛耳，介於蒙特·拿破崙大道(Via Monte Napoleone)和史皮卡街(Via della Spiga)之間的區域，更是頂級名牌的集中地。

從義大利名牌精品到各種世界級的品牌莫不想在這裡擠得一席之位，穿梭在大街小巷中，櫥窗內陳列的流行服飾、皮件，透露出米蘭的時尚領先者地位，即使不下手購物，光是看看來往型男潮女的打扮，也是種樂趣。

飽餐一頓

米蘭的美食中心，
從高級餐廳到冰淇淋甜點店一應俱全。

La Rinascente Food & Restaurants
輕食

 Piazza Duomo, La Rinascente 7F

這是文藝復興百貨公司的美食街，就位於它的頂樓，其中Il Bar這間酒吧就面對大教堂，半露天的天台景觀極佳，如果你不想花錢爬到大教堂屋頂，不妨來到這裡喝個咖啡或飲料，不僅能坐下來享受美食，也可欣賞到哥德式大教堂之美。不過總是座無虛席，略嫌嘈雜。 除了酒吧之外，同層樓還有日式壽司吧、馬其頓水果吧、義式披薩吧等輕食，以及牛排餐廳等多種選擇。百貨公司打烊後，建築物旁的專用電梯可直達7樓，營業到午夜。

📍P.213B3 🚇搭地鐵1、3號線於線在Duomo站下車 ☎885-2454 ⏰9:00~00:00(週日10:00起)

---

must eat!
草莓蛋糕
Fragolata
推薦菜

Princi
甜點、披薩

🏠 Via Speronari 6

只要一走過這家店就會被它櫥窗內陳設的糕點所吸引，先是駐足在櫥窗前無法移動，然後就會抵抗不了它的誘惑衝進去享受。這裡最棒的莫過於草莓蛋糕，鮮美的草莓加上不油不膩、恰到好處的奶油，義大利最著名的提拉米蘇也很不錯。除了各式各樣的義大利傳統糕點外，這裡還提供披薩和簡餐，當然也別忘了嘗嘗它的卡布奇諾。

📍P.213B3 🚇搭地鐵3號線在Duomo站下車，後步行約1分鐘可達 ☎874-797 ⏰平日7:30~19:30，週末8:00~20:00 💲甜點：€2.5~7，輕食：€8~10 🌐princi.it

---

Vanilla Gelati Italiani
義式冰淇淋

🏠 P.tta Pattari 2

這是大家一致推舉為米蘭最好吃的冰淇淋店，價格合理，位在主教堂旁Corso Vittorio Emanuele後的幽靜巷內，可以坐下來好好的品嚐這永遠令人無法拒絕的義大利冰淇淋。老闆服務態度親切，這裡是拜訪米蘭絕不可錯過的一個重要地點。

📍P.213B3 🚇搭地鐵1、3號於Duomo站下車，後步行約5分鐘可達 ☎340-699-4715 ⏰10:30~21:30

Paper Moon Giardino
義大利料理

義大利麵、燉飯
€18~23
推薦菜

🏠 Via Bagutta 12

這是一家專為時髦又漂亮的義大利人設計的店，原為披薩專賣店起家，之所以叫做「紙月亮」，是因為這裡的披薩皮細薄如紙。現轉為提供義大利傳統美食的優雅高級餐廳，店內最受歡迎的食物還包括pappardelle alla Paper Moon，一道加上煙燻培根與番茄的新鮮義大利麵，以及燉飯和提拉米蘇等。

📍P.213C2 🚇搭地鐵1號線於S. Babila站下車，後步行約1分鐘可達 ☎7600-9895 🕐12:30~15:30、19:00~22:30(週日至15:30) 🌐www.papermoonrestaurants.com

Via Spadari 9
義大利料理

🏠 Via Spadari 9

Peck是義大利料理的博物館，有水果、蔬菜、義大利麵條、各式各樣的熟食，光是義大利的麵條就有20~30種，螺旋狀的、餃子狀、細長條、四角形、貝殼狀……讓你嘆為觀止，每到了下班時刻，你就會看到一大群義大利人湧入，嘰嘰喳喳地選購食物，從他們挑選食物的專注神情，和站在櫃台後服務員得意的表情，你就可以理解為何義大利料理征服全球的理由了，有這麼講究的饕客，就會有如此美味的佳餚。

📍P.213B3 🚇搭地鐵1號線於Cordusio站或3號線在Duomo站下車，後步行約3分鐘可達 ☎802-3161 🕐9:00~19:30(週一15:00起) 🈲週日 🌐www.peck.it

Luini
三明治

油炸三明治
Panzerotti
€2~3
推薦菜

🏠 Via S. Radegonda 16

這是一家創立於1888年的手工傳統特產店，位於主教堂旁的巷弄內，此家店最有名的是Panzerotti，這種三明治已經成為一種米蘭人的特產，米蘭人可已經連吃三代了。這種三明治有點類似基隆廟口的三明治，外皮炸得金黃金黃，裡面包著香濃的起司！那特別香濃的起司，就是這三明治的魅力所在，可別看它小小的店面，中午或傍晚時有很多的上班族或放學的學生大排長龍。

📍P.213B2 🚇搭地鐵1、3號於Duomo站下車，後步行約2分鐘可達 ☎8646-1917 🕐10:00~22:00 🈲週日 🌐www.luini.it

巧克力冰淇淋
€5.5(雙球)
推薦菜

Cioccolatitaliani
義式冰淇淋

🏠 Via San Raffaele 6
(米蘭大教堂附近)

在冰淇淋店林立的義大利，這間於2009年才成立的全新概念店，可說異軍突起，結合了冰淇淋、巧克力、甜點、咖啡店於一身，在米蘭大教堂旁的巷弄開幕後，便立刻虜獲遊客的心，由於人潮不斷湧進，得抽取號碼牌靜候，才能嘗到這結合了爆漿巧克力和各種口味冰淇淋的獨特味道。

📍P.213B2 🚇搭地鐵1、3號於Duomo站下車，後步行約3分鐘可達 ☎8909-3820 🕐平日9:00~22:00、週末8:30~23:30

史豐哲斯可城堡。

造訪史豐哲斯可城堡理由

1 米蘭曾經的政治文化中心

2 不同主題、館藏豐富的博物館

3 在大片公園綠地裡享受都市中的寧靜與悠閒

MAP P.213 A2

史豐哲斯可城堡
Castello Sforzesco

　　城堡原是1368年由維斯康提(Visconti)家族的佳雷阿佐二世(Galeazzo II)所建的防禦工事，之後被改為金碧輝煌的公爵居所。因聯姻關係而崛起的史豐哲斯可家族成為米蘭公爵後不惜重本整建城堡，使其成為米蘭的政治文化中心。

　　1893年城堡經整修後，成立了不少主題的市立博物館，包括自然歷史博物館、考古學博物館、傢俱博物館等，藏品豐富，最重要的作品是米開朗基羅未完成之作《隆達尼尼的聖殤Pietà Rondanini》。

至少預留時間
免費參觀城堡、公園：1小時
購票參觀城堡內博物館：3小時

搭地鐵1號線於Cairoli站下車

⊙Piazza Castello
☎8846-3700
🕐城堡7:00~19:00；博物館週
二至週日10:00~17:30
🚫博物館週一休
💰城堡免費；博物館全票€5、
優待票€3，若對3間以上博物館
有興趣，建議購買三天內可參觀
所有市立博物館的遊客卡
(Tourist Card)€12
🌐www.milanocastello.it

城堡內有許多公共空間可以休息，不時
還會有活動和表演。

被摩登大都會包圍的史豐哲斯可城堡，可說是
米蘭領主的權力象徵，為車水馬龍的米蘭保留
些許懷舊的中世紀氛圍。

**怎麼玩
史豐哲斯可城堡才聰明？**

優惠時段

每個月的第一和第三個週二
下午14:00後以及每個月第
一個週日可以免費入場。

和平之門

穿過城堡後方的森皮奧內
公園即可抵達和平之門，步
行需要約10分鐘，因此很多
人會錯過這個景點，十分可
惜。

提前預約感恩聖母瑪利亞教堂

想要朝聖《最後的晚餐》一
定要預約，而且規定最晚一
週前預約。

僱傭兵起家的史豐哲斯可家族
史豐哲斯可家族的創始人穆奇奧‧史豐哲斯可
(Muzio Attendolo Sforza)是當時義大利的
僱傭兵團首領，他四處征戰替家族累積了雄厚
的實力。家族傳到他兒子法蘭切斯科一世後，
透過聯姻成為了米蘭的貴族，完成了階級的逆
襲，並且取代了原本勢力龐大的維斯孔蒂家族
統治米蘭。在史豐哲斯可家族的統治下米蘭逐
漸繁榮昌盛。

據說城堡的水利系統是由達文西所
設計。

象徵米蘭領主權力的城堡，
如今同時也是記錄米蘭歷史和文化的博物館。

史豐哲家族的路多維柯摩羅(Ludovico il Moro)召來達文西和布拉曼特(Bramante)裝飾城堡，布拉曼特是羅馬聖彼得大教堂的建築師，同時也是拉斐爾的老師，這位貴族企圖把這裡變成文藝復興時期義大利最豪華的社交中心，因此城堡呈現後哥德及文藝復興的混合形式。不過路多維柯摩羅未竟全功，他的外交策略失敗，使得米蘭失去獨立自由的地位，1499年後，城堡相繼被西班牙、奧地利及拿破崙占領，軍事用途取代了文化中心的地位。

蒙帖那的《特里弗吉歐的聖母》(Trivulzio Madonna)。

布拉曼特的《哀悼基督之死》(Lamentation over the Dead Christ)。

佛帕的《聖母子》(Madonna and Child)。

史豐哲斯可城堡繪畫館
Pinacoteca del Castello Sforzesco

繪畫館早在1878年就成立，從一開始的230幅畫作，到目前已經超過1500幅作品，包括提香(Titian)、貝里尼(Giovanni Bellini)、丁特列多(Tintoretto)、佛帕(Vincenzo Foppa)、蒙帖那(Andrea Mantegna)、布拉曼特(Bramantino)等人的作品。

米蘭應用藝術博物館
Raccolte d'Arte Applicata di Milano

其收藏分為幾大部分，包括珠寶、象牙、陶瓷和玻璃等不同材料的藝術。

其中以陶瓷收藏最為完整，包含了中世紀、文藝復興、巴洛克等各個不同年代的作品；此外，還有一系列代表一年12個月份的掛毯，那是根據布拉曼特的畫而製作的。

古代藝術博物館
Museo d'Arte Antica

有別於考古博物館，這裡主要收藏古代晚期、中世紀及文藝復興時期的雕刻。這座博物館的展間的牆壁天花板上還保存著古堡原有的濕壁畫，其中一部分為達文西的創作。除雕刻外，還展示了武器、掛毯、殯葬紀念物，兩座中世紀的大門。

米蘭考古博物館
Civico Museo Archeologico di Milano

展示的都是米蘭及倫巴底地區所挖掘出來的考古文物，年代從古希臘、伊特魯斯坎、古羅馬，到中世紀早期等。

這件作品與他年輕時的《聖殤》(Pietà，目前收藏在聖彼得大教堂)同一主題，但風格已經大大不同。

隆達尼尼的聖殤博物館
Museum of Rondanini Pietà

博物館裡最珍貴的收藏，就是米開朗基羅未完成之作《隆達尼尼的聖殤》(Pietà Rondanini)。

這是米開朗基羅於1564年生前最後的作品，高195公分。就像他一系列打算安置在他墳塚的雕刻一樣，米開朗基羅已有預感自己的死亡之日將至。最特別的是在這座雕刻中，聖母不再是抱著死去的耶穌，反而像是耶穌把聖母馱負在自己的背上，以此象徵耶穌強大的精神力量足以告慰聖母的失落。

233

 和平之門
Arco della pace

森皮奧內公園的盡頭有一座和平之門，新古典主義的華麗風格，狀似巴黎的凱旋門，當年也是為了獻給拿破崙而動工，不過拿破崙垮台後，奧地利皇帝於1859年送給獨立的義大利，所以門上刻著慶祝義大利獨立的碑文。

 森皮奧內公園
Parco Sempione

森皮奧內公園設立於1888年，面積廣達38.6公頃。公園與史豐哲斯可城堡的花園相連，由建築師Emilio Alemagna所設計，根據他的規劃，史豐哲斯可城堡和和平之門就位於公園兩端，因此這裡也是欣賞米蘭這兩座地標的最佳地點。而公園另一側還有一座地標為建於1933年的藝術宮(Palazzo dell'Arte)，目前是每三年一度的米蘭藝術博覽會的舉辦場地。

公園裡除了開闊草坪、花木扶疏、小橋流水，還有市民體育場(Arena Civica)、公立水族館、公立圖書館，以及一座布蘭卡塔(Torre Branca)。

 特里弗吉安諾圖書館
Trivulziana Library

圖書館裡最珍貴的收藏，就是達文西的特里弗吉安諾手稿(Codice Trivulziano)，手稿原先有62張，目前則保存了55張。手稿內容主要是達文西透過一長串權威的詞彙和語法，來改善他溫和的文學教育。不過此手稿並未對外開放。

接著參觀米蘭館藏最豐富的美術館，還有曠世經典《最後的晚餐》。

MAP
P.213
A2

感恩聖母瑪利亞教堂的《最後的晚餐》
《Cenacolo Vinciano》in Basilica di Santa Maria delle Grazie

免費開放的教堂雖然不是參觀重點，但也有許多細節可以欣賞。

如何前往

搭地鐵1號線於Conciliazione站下車後，步行約5分鐘可達、或搭地鐵1、2號線於Cadorna站下車後，步行約10分鐘可達

info

📍Piazza Santa Maria delle Grazie 2 📞9280-0360(預約專線) 🕐最後的晚餐：週二至週日8:15~19:00。週二至週六9:30、11:30、15:00、17:00以及週日15:00、17:00有英文導覽 ❌週一 💶全票€15、優待票€2 🌐cenacolovinciano.org ❗需預約進場，建議愈早預約愈好，每次開放3個月的預約日期，可於官方網站上預約。參觀每梯次限35人進入，每15分鐘一個梯次。

　《最後的晚餐》繪於感恩的聖母瑪利亞教堂，這座多明尼各教堂建於15世紀末，完成後兩年被米蘭公爵路多維柯摩羅改為史豐哲斯可家族的家廟，帶來文藝復興的建築元素，他更請達文西於1494到1497年為修道院餐室畫《最後的

晚餐》，這幅壁畫成了繪畫史上最重要的一幅，兼具科學性和美感，至今依然讓人讚嘆不已。

235

《最後的晚餐》

《最後的晚餐》完成於1497年左右，畫作的背景是耶穌知道自己將被門徒猶大出賣而被捕，所以在前一晚和門徒們晚餐時，公布了這震驚的消息，剎那間，門徒們驚愕、憤怒、害怕的情緒溢滿整個畫作，唯一看不清的是猶大的表情，因為他幾乎正臉轉向耶穌，是不是驚嚇得心臟快跳出來了呢？我們不得而知，達文西就這樣創作了等同於舞台劇的戲劇效果。

使徒坐得比正常就餐的距離更近，並且分成四組，在耶穌周圍形成波浪狀的層次，越靠近耶穌的門徒越顯得激動。

巴多羅買、小雅各、安德烈三人在畫面最左側，表情都十分驚愕。

猶大、彼得、約翰三人為一組，在耶穌右手邊。猶大穿著藍綠衣服位於陰暗處，驚慌地將身體往後傾，一手抓著小袋子，裡面可能裝著出賣耶穌的酬勞。彼得表情憤怒，手執刀子與耶穌呈反方向，預示著耶穌一旦被捕，他將暴力以對。最年輕的約翰彷彿要昏厥過去。

多馬、雅各、腓力三人為一組，在耶穌左手邊。
多馬顯得非常不安，他向上的食指，預示著他未來對「耶穌復活」的質疑。
雅各顯得非常驚訝，同時把手揮向空中。
腓力似乎正在問一些問題。

馬太、達太和奮銳黨的西門三人為一組，在畫面最右側。
馬太和達太兩人同時轉身向奮銳黨的西門，或許對疑問有了答案。

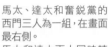

畫面利用透視原理，使觀者感覺房間隨畫面作了自然延伸，耶穌的頭部是整幅畫的中心，自此延伸到後方的消失點。而耶穌背後的門外是祥和的白天景色，明亮的天空在他頭上彷彿一道光環。

耶穌坐在正中間，攤開雙手神色自若，和周圍緊張的門徒形成鮮明的對比。

經過多次修復，此藍色為最接近原始顏色的「達文西藍」。

全才的達文西

文藝復興三傑之一的達文西可以說是義大利文藝復興諸位大師中,最有原創力和科學精神,集藝術家、思想家、建築師、工程師、科學家、發明家於一身,留下經典作品無數。在他的畫作中,可以看到科學的痕跡,遠近、透視、新顏料等,甚至人的心理狀態,也在他的作畫思考中;而在他的建築工程,如米蘭的史豐哲斯可城堡或達文西科學技術博物館(Museo delle Scienza e Tecnica)中,又可以感受大師的實用美學,縱觀西洋美術史,並無幾人能超越達文西的成就。

耶穌的12門徒

❶ 彼得(Peter):
通常代表十二門徒發言,最後為主殉道,天主教視他為首位教宗。

❷ 安德烈(Andrew):
彼得的弟弟,曾領其兄彼得來到主前。他曾往小亞細亞,希臘各處傳道。

❸ 雅各(James):
約翰的長兄,與彼得、安得烈同為夥伴,他是十二門徒中之第一個殉道者。

❹ 約翰(John):
雅各的弟弟,為耶穌所愛三門徒中最親密的一位。晚年寫下《約翰福音》和《啟示錄》。

❺ 腓力(Philip):
曾到亞洲各處異邦人中為主作見證,力勸人棄邪歸正,死於雅各殉道後八年。

❻ 巴多羅謬(Bartholomew):
曾到亞美尼亞和印度傳道,引領多人歸主,並將馬太福音譯為外國文,使外邦信徒可以閱讀。

❼ 馬太(Matthew):
性格果敢,勇於認罪悔改,態度謙恭。傳說曾先後到過中東甚至非洲去傳道,在那裡使全城人信基督。

❽ 多馬(Thomas):
曾往敘利亞、帕提亞、波斯各處傳道,因惹起異教祭司們的疑忌而被用槍刺死。

❾ 小雅各(James son of Alphaeus):
曾在巴勒斯坦和埃及傳道,後被人用石頭打死殉道。

❿ 奮銳黨的西門(Simon the Zealot):
曾到埃及傳道,也曾到過不列顛,引領多人歸主,後被人釘死。

⓫ 達太(Jude Thaddeus):
曾到敘利亞,阿拉伯以及波斯傳福音,廣行神蹟,引領多人歸主,於主後七二年被釘死。

⓬ 加略人猶大(Judas Iscariot):
西門的兒子,其為人貪財,極不誠實,曾經背叛主,自知犯罪,出賣了耶穌,心中不安,就上吊而亡。

DiD YOU KnoW

畫中的達文西密碼

紅遍全球的小說《達文西密碼》中針對這幅畫提出了一個有趣的觀點,畫中的年輕門徒約翰因為具有女性的形象,因此被認為有可能是耶穌的女門徒抹大拉的瑪利亞。不過學界已經否定了這個猜想,因為《最後的晚餐》這個主題在達文西創作前早已有無數的作品,約翰的臉譜形象一直都是如此,達文西只是根據前人的概念創作而已。

美術館在拿破崙統治時期奠定了現今的模樣，因此中庭立著他的雕像。

6號展覽室的《死亡的耶穌》(Cristo morto)，是蒙帖那(Mantegna)代表作之一，他藉由微妙的光線及透視法來呈現耶穌死亡的哀悼氣氛。

同一展覽廳貝里尼(Bellini)的《聖殤》(Pietà)也是表現悲傷的作品。

24號展覽室拉斐爾的《聖母的婚禮》(Sposalizio della Vergine)是繪於1504年的祭壇畫作。

37號展覽室哈耶茲(Francesco Hayez)的《吻》(Il Bacio)是他最著名的一幅畫作，傳達了浪漫主義的精神，也象徵義大利統一的到來。

MAP P.213 B2

布雷拉美術館
Pinacoteca di Brera

如何前往

搭地鐵2號線於Lanza、1號線於Cairoli、3號線於Monte Napoleone站下車後，步行約5~10分鐘可達

info

🏛Via Brera 28　☎7226-3230　🕐週二到週日8:30~19:15　🚫週一　💰全票€15、優待票€10

🌐pinacotecabrera.org

　布雷拉美術館同時也是米蘭藝術學院的所在地，它的內涵重於外觀，收藏13到20世紀義大利的主要藝術家的作品。

　建築物坐落於布雷拉的聖母瑪利亞修院舊址上，為16世紀末時耶穌會教士所建，這些教士們把這裡改造成頗具威望的學校，對藝術後進的培養極有貢獻，影響直至今日。

　館藏品有15到16世紀的威尼斯畫派與倫巴底畫派作品，以及同時期的義大利中部畫派、16到17世紀的法蘭德斯及荷蘭畫作，最精彩的則是18到19世紀的義大利近

29號展覽室卡拉瓦喬的(Caravaggio)《以馬斯的晚餐》描繪耶穌基督復活後，在名叫以馬斯的小鎮向祂的門徒現身。

代大師作品。

　29號展覽室的卡拉瓦喬(Caravaggio)《以馬斯的晚餐》(Cena in Emmaus)，以及37號展覽室Hayez的《吻》(Il Bacio)等，都是不可錯過的大師作品。

到了下午晚上這裡就成了上班族和大學生放鬆的天堂了，河道兩旁的酒吧會推出happy hour的優惠，因此晚上通常十分熱鬧。

轉進巷弄間也有許多可愛的小店家，環境更加清幽。

MAP P.213 A3　米蘭運河區
Naviglio Grande

如何前往

搭乘地鐵2號線至P.TA Genova FS站，沿著Via Valenza路向南步行3分鐘即可抵達。

　　米蘭的運河最早建於12世紀，曾經是護城防禦系統的一環，到了中世紀成為了繁忙的運輸水道，是米蘭發展農業和商業的命脈，幾個世紀以來經過數次的整治，許多河道被填平或是縮減，這一帶也被重新規劃成藝文觀光區。如今沿著河道兩岸店家林立，在這裡什麼都找得到，有書畫、家具、服飾、首飾、手工藝品、紀念品等等，可以逛上一整個白天，此外每個月的最後一個週日這裡會有市集，有更多的商家可以逛。

義大利：
羅馬 佛羅倫斯
威尼斯 米蘭

30

義大利：羅馬.佛羅倫斯.威尼斯.米蘭/
李美蒨,墨刻編輯部作. -- 初版. -- 臺北
市：墨刻出版股份有限公司出版：英
屬蓋曼群島商家庭傳媒股份有限公司
城邦分公司發行, 2023.07
240面；16.8×23公分. -- (City target；
30)
ISBN 978-986-289-889-5(平裝)

1.CST: 旅遊 2.CST: 義大利

745.09   112008538

作者李美蒨・墨刻編輯部
攝影墨刻編輯部
主編李美蒨
美術設計李英娟・董嘉惠（特約）
地圖繪製墨刻編輯部・Nina（特約）

出版公司
墨刻出版股份有限公司
地址：台北市104民生東路二段141號9樓
電話：886-2-2500-7008／傳真：886-2-2500-7796
E-mail：mook_service@hmg.com.tw

發行公司
英屬蓋曼群島商家庭傳媒股份有限公司城邦分公司
城邦讀書花園：www.cite.com.tw
劃撥：19863813／戶名：書虫股份有限公司
香港發行城邦（香港）出版集團有限公司
地址：香港灣仔駱克道193號東超商業中心1樓
電話：852-2508-6231／傳真：852-2578-9337
城邦（馬新）出版集團 Cite (M) Sdn Bhd
地址：41, Jalan Radin Anum, Bandar Baru Sri Petaling,
57000 Kuala Lumpur, Malaysia.
電話：(603)90563833／傳真：(603)90576622／
E-mail：services@cite.my

製版・印刷漾格科技股份有限公司
ISBN978-986-289-889-5・978-986-289-891-8（EPUB）
城邦書號KV4030 初版2023年7月 二刷2024年6月
定價399元

MOOK官網www.mook.com.tw
Facebook粉絲團
MOOK墨刻出版 www.facebook.com/travelmook

執行長何飛鵬
PCH集團生活旅遊事業總經理暨墨刻出版社長李淑霞

總編輯汪雨菁
資深主編呂宛霖
採訪編輯趙思語・陳楷琪
叢書編輯唐德容・王藝霏
資深美術設計主任羅婕云
資深美術設計李英娟
影音企劃執行邱茗晨

資深業務經理詹顏嘉
業務經理劉玫玟
業務專員程麒
行銷企畫經理呂妙君
行銷企畫專員許立心
業務行政專員呂瑜珊

印務部經理王竟為

義大利：
羅馬 佛羅倫斯
威尼斯 米蘭

30　◎ City Target

어요!

束炒年糕・韓式烤肉
隊鍋・炸雞 韓國美食這樣點才厲害

怎麼玩
才聰明？

讓你的旅行
不掉漆

別只去東大門逛街啦！
最IN逛街熱點 新沙洞
高速巴士地下街

서울 Seoul

首爾

彩色貨櫃屋逛起來～
COMMON GROUND
UNDER STAND
AVENUE
村BOXQUARE

王牌景點走透透，同場加映推薦小旅行
一次給你玩好玩滿

的首爾
步旅行

穿韓服 免費 進景福宮
挑超美韓服TIPS！

經實驗證明，使用本書能有效減少旅遊犯錯率，並大幅增加玩樂效能與樂趣

用不著再上網，資料我們都幫你找好了……

N首爾塔 樂天世界
塔鷹峰山
絕美城景哪裡好？

幫你變成
深度旅遊達人

MOOK 墨刻出版
www.mook.com.tw

ISBN 978-986-289-854-3

cite 城邦
讀書花園

邦書號：KV4026 定價360元 HK120

首爾外送文化SWAG！外送大叔天涯海角找到你！
韓國人患有咖啡上癮症？早中晚加宵夜都能來上一杯！
原來三清洞是首爾風水最好的地方？
制服控看過來！韓國大學生連校服都超有型！
首爾都市傳說：情侶走過德壽宮石牆路必分手？
殺價時叫聲歐巴、歐尼會有更多折扣？
在韓國只要出身「SKY」不用擔心沒工作？

有趣的小知識